高等院校学前教育
专业创新型系列教材

幼儿园班级管理

杨美男 主 编

郭 玮 李彩霞 董艳娇 韩传玲 郭国燕 张 俊 副主编

清华大学出版社
北京

内 容 简 介

本书主要讲述幼儿园班级管理概述、幼儿园班级管理的过程、幼儿园班级管理的内容、幼儿园班级一日活动管理、幼儿园班级安全管理、幼儿园各年龄班的班级管理、幼儿园班级环境创设、幼儿园家长工作管理八大方面内容,内容丰富、实践性强。本书配有教学课件、习题、教学视频等资源,扫描文中二维码即可参考使用。

本书可作为高等职业院校学前教育专业教材,也可作为幼儿园教师和幼儿教育培训机构的工作指导书。

图书在版编目(CIP)数据

幼儿园班级管理/杨美男主编. —北京:清华大学出版社,2022.6
高等院校学前教育专业创新型系列教材
ISBN 978-7-302-60760-1

Ⅰ.①幼… Ⅱ.①杨… Ⅲ.①幼儿园—班级—学校管理—高等学校—教材 Ⅳ.①G617

中国版本图书馆 CIP 数据核字(2022)第 074581 号

责任编辑:张　弛
封面设计:于晓丽
责任校对:赵琳爽
责任印制:杨　艳

出版发行:清华大学出版社
网　　　址:http://www.tup.com.cn,http://www.wqbook.com
地　　　址:北京清华大学学研大厦 A 座　　　　　邮　　编:100084
社 总 机:010-83470000　　　　　　　　　　　　邮　　购:010-62786544
投稿与读者服务:010-62776969,c-service@tup.tsinghua.edu.cn
质量反馈:010-62772015,zhiliang@tup.tsinghua.edu.cn
课件下载:http://www.tup.com.cn,010-83470410

印 装 者:三河市天利华印刷装订有限公司
经　　销:全国新华书店
开　　本:185mm×260mm　　印　　张:9.75　　　　　字　　数:223 千字
版　　次:2022 年 6 月第 1 版　　　　　　　　　　印　　次:2022 年 6 月第 1 次印刷
定　　价:42.00 元

产品编号:088268-01

前　言

"幼儿园班级管理"是高职高专学前教育专业学生的专业课,根据高职院校学前教育专业教学标准的基本要求,本书在把握时代特征的同时借鉴学前教育界前辈与同行的研究成果,充分体现实用性与操作性。本书旨在使读者通过对班级管理理论和实务的学习,初步了解幼儿园班级管理包含的主要内容,习得班级管理的具体操作方法,树立有效管理、科学育人的理念。本书既可作为学前教育专业学生的教材,也可作为幼儿园教师的辅助工具。本书具有以下特点。

(1)体例灵活多样,每章开头有学习目标、任务导入;文中有二维码拓展对应的动态视频,还包括案例、图片、知识链接等;章末有本章小结和同步练习,谋篇布局尽量让读者能够轻松阅读。

(2)内容基础,理论与实践相结合,可操作性强。

(3)语言通俗易懂,便于读者理解和接受。

本书共八章内容,其中,第一章是幼儿园班级管理概述,包括幼儿园班级管理的相关概述和幼儿园班级管理的目的、任务及原则等内容;第二章是幼儿园班级管理的过程,包括幼儿园班级管理计划的制订、组织与实施、检查与调整、总结与评价等内容;第三章是幼儿园班级管理的内容,主要讲述幼儿园中人、财、物、信息、时间和空间等方面的管理;第四章是幼儿园班级一日活动管理,包括一日活动的内容及组织原则、组织要求、具体实施以及一日常规的建立等内容;第五章是幼儿园班级安全管理,包括幼儿园班级安全管理的内涵、一日生活中的安全管理、幼儿园班级意外伤害事故管理及幼儿园离园活动安全管理等内容;第六章是幼儿园各年龄班的班级管理,包括托班、小班、中班、大班幼儿的年龄特点,班级管理的功能,存在问题及管理策略等内容;第七章是幼儿园班级环境创设,包括幼儿园的物质环境的创设和精神环境的创设;第八章是幼儿园家长工作管理,包括家长工作计划的制订、家长工作的管理方法及具体指导等内容。

本书内容与观点是编写团队关于幼儿园班级管理等相关问题的探索和思考的阶段性总结。本书由杨美男担任主编,郭玮、李彩霞、董艳娇、韩传玲、郭国燕、张俊担任副主编。在编写过程中,编写成员付出了巨大的努力,但书中难免有不足之处,希望各位专家、同行、读者批评指正。同时,要感谢阜阳地直幼儿园、界首市实验幼儿园、阜阳市文峰幼儿园的园长、教师及小朋友们的配合,也要感谢这本书所参考和引用书目的原作者所提供的资料和智慧。

教学课件

习题答案

编者
2021 年 12 月

目　录

第一章
幼儿园班级管理概述

🖊 学习目标

- 了解幼儿园班级及幼儿园班级管理的含义和意义。
- 掌握三种常见的幼儿园班级管理的方法。
- 了解幼儿园班级管理的目的和任务。
- 能够按照幼儿园班级管理的原则规范保教行为。

◎ 任务导入

- 调查一两所周边的幼儿园，了解一下该幼儿园是怎么编班的，每个班幼儿的人数是多少，有几个保教人员，他们是如何分工的。
- 访谈一位幼儿园教师，了解这位教师在幼儿园班级管理中使用了哪些方法，是如何使用的，并写出访谈报告。
- 参加幼儿园保教活动，了解一个班级教师制订的幼儿园班级管理计划及实施过程，分析其是否符合幼儿园班级管理的原则，并写出分析报告。

第一节　幼儿园班级管理的相关概述

一、幼儿园班级管理的定义和意义

（一）幼儿园班级管理的含义

1. 幼儿园班级

（1）什么是幼儿园班级

作为幼儿园教师，要想做好班级工作，首先要对幼儿园班级有一个清晰的界定。班级这个概念不是一直都存在的，最早是由 17 世纪捷克著名的教育家夸美纽斯提出的，他在《大教学论》中，第一次提出班级授课制的概念，这极大地提高了教学的效率。

◁ 资料链接 ▷

班级授课制

班级授课制又称课堂教学，班级授课制是把一定数量学生按年龄特征和学习特征编成班组,使每一班组有固定的学生和课程,由教师根据固定的授课时间和授课顺序(课程表),根据教学目的和任务,对全班学生进行连续上课的教学制度。最早是欧美一些学校出现以班级为单位的教学组织形式,随后夸美纽斯对此组织形式进行总结而确定下来。后来赫尔巴特完善了这一理论,苏联的教育家凯洛夫最终完善了这一理论。中国最早的班级授课制出现于 1862 年。

——摘自百度百科

　　何为幼儿园班级?幼儿由于其年龄特点和中小学学生存在巨大的差异,所以其班级的特点也是差距非常大的。从广义上来讲,幼儿园班级是由教师、幼儿、家长及社区共同组成的一个活动集体组织,教师、家长和社区共同承担促进幼儿发展的教育任务。物质条件、人文环境和社会关系是构成幼儿园班级的三个要素,三者之间的相互作用和关系对幼儿的发展有直接影响。狭义的幼儿园班级是指在幼儿园里按照幼儿的年龄、发展水平或者人数等因素组建起来的幼儿集体,由班级的保教人员按照一定的教育目标、教育任务和教育原则进行教学活动和生活活动的组织和管理。通常所说的幼儿园班级,指的是狭义的幼儿园班级,它是幼儿园实施和承担教育任务的基本单位,也是促进幼儿全面发展所依赖的物质基础和人文环境保障。

　　幼儿园的班级作为一个组织,它为了实施幼儿园的保教任务工作而存在。从幼儿的角度来说,班级是与幼儿关系最密切的环境,它是幼儿在幼儿园中的"家",班级里的教师和小朋友是幼儿在幼儿园在中的"家人",幼儿在班级里进行一日生活和学习,所以班级是最贴近于幼儿在园的真实生活场景,可见它对幼儿的影响是直接的、具体的,也是深刻的。从保教人员的角度来说,班级是保教人员实施教养工作的场所,是幼儿园教育的基层管理组织,保教人员每天进行的教育活动和日常生活活动都是通过班级来实现的。因此,班级的管理工作是幼儿园工作不可忽视的一个方面。

　　(2)幼儿园的编班

　　根据《幼儿园工作规程》(以下简称《规程》)规定,幼儿园的班级可以分为全日制、半日制、定时制、季节制和寄宿制等,也可以混合编制。《规程》第二章"幼儿入学和编班"中第十一条相关的规定提到,在现阶段的幼儿园班级划分中,大部分是根据年龄来进行划分的,一般分为小、中、大三个年龄版,对应的年龄分别为 3～4 岁、4～5 岁和 5～6 岁。部分幼儿园为适应社会和家长的需求,设置了托班,分为半日托或者全日托。有一些幼儿园采用蒙台梭利教育理念,主要是混龄编班,在同一个班里既有 3～4 岁的小幼儿,也有 4～5 岁和 5～6 岁年龄稍长的幼儿。另外,受经济因素或者人口分布因素等制约,有的幼儿园也会采用混龄编班的形式。

资料链接

　　第十一条:幼儿园规模应当有利于幼儿身心健康,便于管理,一般不超过 360 人。

　　幼儿园每班幼儿人数一般为:小班(3～4 周岁)25 人,中班(4～5 周岁)30 人,大班(5～6 周岁)35 人,混合班 30 人。寄宿制幼儿园每班幼儿人数酌减。

幼儿园可以按年龄分别编班,也可以混合编班。

——选自《幼儿园工作规程》第二章

2. 幼儿园班级管理的定义

幼儿园管理是一门综合性学科,它既要符合幼儿教育的规律,遵循幼儿的身心发展特点和学习特点,符合实现我国的教育目标和促进社会发展的要求,又要符合科学管理的规律。究竟什么是幼儿园班级管理呢?

首先要明确的是,幼儿园班级管理和幼儿园管理这是两个不同的概念,有很多的教育者对这两个概念进行了界定。

(1)幼儿园管理是从园领导或者行政人员的角度出发的,正如张燕在《幼儿园管理》中界定的一样:"幼儿园管理是指幼儿园管理人员遵照一定的教育方针和保教工作的客观规律,采用科学的工作方式和管理手段,将人、财、物等因素合理组织起来,调动各方面的积极性,优质高效地实现国家规定的培养目标和幼儿园工作任务所进行的各种活动。"[①]可见,幼儿园管理是从宏观的角度说的,它不直接参与幼儿园具体的班级管理活动。

(2)常说的幼儿园班级管理是微观层面的管理,是从班级教师的角度出发的。如下面几位学者所说。

张莅颖在《幼儿园班级管理》一书中指出:"所谓的幼儿园班级管理是指教师通过协调教育者之间的教育行为、提供适当的教育环境、积极与幼儿进行沟通等方法,使幼儿得到最佳发展的管理活动。"[②]王劲松在《幼儿园班级管理》一书中指出:"幼儿园班级管理是指班级教师通过计划、组织、实施、调整等环节,把幼儿园的人、财、物、时间、空间、信息等资源充分运用起来,以便达到预定的目的。"[③]侯娟珍在《幼儿园班级管理》一书中将幼儿园班级管理的概念界定为:"班级管理者(班主任)为实现预定的班级组织目标,对班级组织的各种资源进行计划、组织、协调、控制和评价等。"[④]王雯在《幼儿园班级管理》中指出:"幼儿园班级管理是由幼儿园班级中的保教人员通过计划、实施、总结、评估等过程协调班集体内外的人、财、物,以达到高效率实现保育和教育目的的综合活动。"[⑤]李慧英在《幼儿园班级管理》中指出:"幼儿园班级管理是指班级保教人员充分利用幼儿园的人、财、物、时间、信息等资源,以班级为单位通过计划、组织、实施、总结等环节,实现育人目标。"[⑥]

综上,幼儿园班级管理概念可界定为:幼儿园班级管理是指班级教师通过班级管理计划的制订、组织与实施、检查与调整、总结与评价等环节,把幼儿园的人、财、物、时间、空间、信息等资源充分调动起来,使之为实现幼儿教育目标发挥最大的价值。

在这个概念中,幼儿园班级管理包括以下四个要素。

(1)幼儿园班级管理的实施者是教师,也就是具体班级中的保教人员。

(2)幼儿园班级管理的对象是多样性的,包括班级里的人(教师、幼儿、家长)、财、物

---

① 张燕.幼儿园管理[M].北京:北京师范大学出版社,1997:25.
② 张莅颖.幼儿园班级管理[M].北京:高等教育出版社,2019:1.
③ 王劲松.幼儿园班级管理[M].北京:北京师范大学出版社,2013:2.
④ 侯娟珍.幼儿园班级管理[M].北京:北京师范大学出版社,2019:24.
⑤ 王雯.幼儿园班级管理[M].武汉:武汉大学出版社,2017:32.
⑥ 李慧英.幼儿园班级管理[M].北京:高等教育出版社,2019:19.

等具体的对象,也包含时间、空间、信息等抽象的对象。

（3）幼儿园班级管理的过程包括四个环节：计划的制订、组织与实施、检查与调整、总结与评价。

（4）幼儿园班级管理的目的是实现幼儿园教育目标。

小案例

请动脑筋想一想,下面这些关于幼儿园班级管理的表述对不对呢？

1. 幼儿园班级管理是领导的事情,我教好课就行了。

2. 幼儿园班级管理主要是管纪律,不出安全问题就行。

3. 每个人管理的方式都不一样,大家都有自己的经验,没有什么规律可循。

4. 幼儿园班级管理对教学质量很重要,所以要花心思去研究。

5. 幼儿园的孩子只要教他唱歌跳舞画画就行,不用太多的高深的知识,更别说涉及管理学的内容了。

（二）幼儿园班级管理的意义

1. 幼儿园班级管理是幼儿园保教质量提升的前提和保障

幼儿园管理的目的是通过统筹协调幼儿园人、财、物、时间、空间、信息等各方面的资源,使之发挥最大效益,从而实现幼儿园教育的目标。很显然,实现幼儿园教育的目标,依赖于充足的物质条件保障和优秀的幼儿教师队伍保障,而科学合理的幼儿园班级管理可以协调这几个要素之间的关系,使之呈现良性的相互作用。因此,幼儿园班级管理是幼儿园保教质量提升的前提和保障。

2. 幼儿园班级管理有助于促进幼儿的成长

《规程》中明确指出,幼儿园教育的任务是"贯彻和实施国家教育方针,按照保育和教育相结合的原则,遵循幼儿身心发展的特点和规律,实施体、智、德、美等方面全面发展的教育,促进幼儿身心和谐发展"。幼儿园班级管理有利于建立良好的班风班貌,幼儿在固定的班级中,逐步建立正确的价值观、学习观,逐步养成健康合理的生活习惯,为幼儿的成长营造一个轻松、和谐的环境,培养幼儿积极向上的品质。

3. 幼儿园班级管理可以促进教师的专业成长

幼儿园班级管理的效果是一个幼儿园教师的保教水平和管理能力的体现。幼儿园班级管理涉及的内容非常广泛,包括生活方面的管理、教育方面的管理、班级健康安全方面的管理、环境创设、幼儿行为与能力、班级人际关系、家园合作等。幼儿园班级管理是幼儿园教师专业成长的起点,在管理的过程中,教师不仅要做好管理工作,也要做好教育工作。虽然处理的都是日常小事,但是考验的是幼儿园教师的综合素质与能力,因此幼儿园班级管理可以促进教师的专业成长。

二、 幼儿园班级管理的研究方法

教师是幼儿园班级管理的主要人员,其管理方法和管理能力直接影响着幼儿园班级管理的效果。因此,教师必须掌握一定的方法和策略,根据自己班级的实际情况,认真总结管理经验,探索适合自己的班级管理方法。在这里简单介绍三种常用的幼儿园班级管理方法:规则引导法、榜样激励法、情感沟通法。

(一)规则引导法

幼儿园班级是一个有限范围的小集体,俗话说,"无规矩不成方圆",幼儿园要建立健全各项班级规则,引导幼儿建立良好的学习习惯和生活习惯,这种方法就是规则引导法。规则不是限制幼儿的自由活动,而是通过引导形成对规则的正确认识,能遵守规则并逐渐内化为自身的行为准则的过程。当幼儿出现不良行为时,适当的规则引导可以纠正其行为。从这两个角度来说,幼儿园的规则是保教活动的保障。在使用规则引导法的时候,需要注意下面几个问题。

(1)制定的规则要有合理性,符合幼儿的活动需要,表述清楚、简洁,易于幼儿理解和实践。

(2)制定的规则要有必要性、持久性和权威性,不能随意制定规则,更不能朝令夕改,规则的执行要有一贯性。

(3)制定规则的过程中,要充分考虑幼儿的意见,尊重幼儿的主体性地位。

(4)当幼儿能够执行规则时,要给予幼儿肯定,鼓励幼儿更好地遵守和执行规则。

(5)要充分利用生活中突发的小事件进行规则引导教育。

小案例 怎样好好喝水

户外活动时间结束了,中班的幼儿们回到班里,迫不及待地想喝水。还没等教师进教室,大家就蜂拥到水杯架前,拿着自己的小杯子,接了满满一杯水,边往座位走边咕嘟咕嘟喝。你不小心撞了我一下,我不小心碰了你一下,水杯里的水不停地溅出来,洒在地上。赶巧,后面跑过来的幼儿一脚踩到水上,摔了一下,哇哇大哭。

教师一边安抚受到惊吓的幼儿,一边琢磨着想借此机会开展随机教育。她用夸张的语言说:"大家知道她为什么哭吗?"幼儿们有的说"因为摔倒了",有的说"因为摔得特别疼",有的说"因为摔倒了吓一跳"……

接着教师又问"为什么她会摔倒啊?""因为地上有水。"

"那为什么地上会有水?"有一个幼儿先说:"因为刚才喝水洒水了。"其他的幼儿也随后这样说。

教师进一步追问,"那我们怎么做才能不往地上洒水呢? 大家有什么好办法吗?"幼儿纷纷出主意,有的说"喝水时不要接那么多水",有的说"排队接水不要挤",有的说"要坐在小椅子上喝水"……

最后,教师将幼儿们提出的好办法整理出来,做成"怎样好好喝水"的小提示,贴在了饮水区,每次喝水前幼儿看到这个小提示,就会自觉地约束自己的行为。

分析:幼儿园班级管理涉及的内容范围非常广泛,幼儿一日生活的管理也属于其中重要的部分。案例中教师面对突发的幼儿摔倒事情,随机生成教育内容,在建构"怎样好好喝水"的制度过程中充分调动幼儿的主动性,使幼儿能够自觉遵守喝水的规则,增强幼儿园班级管理的效果。

（二）榜样激励法

榜样激励法也称榜样示范法，是通过正面榜样的力量来规范幼儿的言行，帮助幼儿树立正确的道德规范和行为准则。著名的心理学家班杜拉认为，幼儿最主要的学习方式是观察学习，这是基于幼儿爱模仿、易受暗示的年龄特点提出来的，这为榜样示范法的使用提供了心理学依据。

但是需要注意的是，由于幼儿的年龄小，分辨能力差，所以他们对外界行为的模仿是不分好坏，全盘接受的，因此教师在选择激励的榜样时，要选健康、积极、具体的榜样，并且幼儿通过自身努力可以实现，不能太难或太简单。可以选择具有典型形象的人、事、物，也可以选择身边表现优秀的同伴，或者故事、动画片中正面形象的角色。当幼儿能够以榜样的行为约束自己的行为时，教师要及时鼓励，合理使用强化的力量，表扬要具体，让幼儿知道自己好在哪里，增加幼儿该行为出现的频次。另外，教师在使用榜样激励法时，不能对幼儿之间进行横向对比，以防打击其他幼儿的信心。

小案例　孟母三迁

孟子是我国伟大的思想家。据说在孟子很小的时候，他的父亲就去世了，母亲带着孟子守坟，他们居住的地方离墓地很近。时间久了，在耳濡目染的过程中，孟子和小朋友就学会了哭坟，挖土，埋"死人"和办丧事。孟母看到了，说"这不是孩子应该居住和生活的地方"。于是他们就搬家了，在集市附近住下来，附近是一家卖肉的店铺，时间长了，孟子又学会了杀猪杀羊、买卖肉之类的事情。孟母又说，"这地方也不是孩子应该居住和生活的地方"。于是又搬家。这次他们搬到了一个学校的旁边，每个月初一和十五，官员们都要去文庙，行礼祭拜，他们谦逊礼貌，进退有度，孟子看到了，一一记在心里，并也学着以礼待人。孟母看到了，高兴地说，"这才是孩子应该居住和生活的地方"。于是，定居于此。

分析：孟母三迁的故事说明，榜样对幼儿的作用是重要的，正面、积极的榜样可以帮助幼儿树立正确的行为规范，反面、消极的榜样则会对幼儿行为规范产生负面作用。因此，教师要像孟母一样，帮助幼儿选择正面、积极、健康的榜样，引导幼儿以榜样的行为来规范自己的行为。

（三）情感沟通法

情感沟通法是指教师利用情感来激发和规范幼儿行为的一种方法。这里的情感可以是教师和幼儿之间的情感、幼儿和幼儿之间的情感，也可以是幼儿对周围环境的情感。情感沟通法是一种很重要的幼儿园班级管理方法。从心理学的角度讲，幼儿情感丰富，易受他人影响和暗示，同时他们的情绪也容易随着成人的引导而发生转移。另外，他们对自己的评价很多是建立在教师和家长等成人的评价基础上，他们希望通过自己的努力和表现获得别人的肯定。从情感的角度讲，"亲其师，信其道"。如果幼儿能够感受到来自教师的尊重、理解和爱，他们就愿意把生活、游戏中遇到的事情与教师分享，教师给的建议也就更容易接受。

情感沟通法具有很强的主观性色彩，没有统一的运用程序和规则，教师要在认真观察、了解幼儿情感的基础上进行，采用恰当的方式，对幼儿的行为加以引导，达到管理目的。经常对幼儿开展移情训练,培养幼儿站在他人的角度思考问题的能力,形成关爱他人、理解他人的品质,并能在他人有需要的时候给予及时的帮助。同时,教师要注重树立个人魅力,一般来说,和蔼可亲的个人形象更容易让幼儿感受到教师的理解和关爱,更有利于幼儿的接受和服从管理。

第二节 幼儿园班级管理的目的、任务及原则

一、幼儿园班级管理的目的

幼儿园班级管理的水平,不但直接影响幼儿园的教育教学质量,而且也会极大地影响幼儿园的声誉。因此,做好幼儿园班级管理的工作意义重大且任务艰巨,它不仅需要教师的努力,还需要幼儿、家长及园内各岗位的积极配合,共同努力。

幼儿园班级管理的最直接的对象是幼儿,所以幼儿园班级管理的首要目标是实现幼儿园教育目标。发展幼儿良好的行为能力和生活习惯,培良幼儿良好的情绪情感,发展幼儿良好的语言能力、社会适应能力,把幼儿培养成个体生活的主体和社会生活的主体。

同时,从幼儿园的角度来讲,幼儿园班级管理有利于维持幼儿园正常的教学秩序,保证保教活动的顺利进行。长远来说,通过探索个性化的班级管理模式,不断提升幼儿园教师的班级管理水平,形成幼儿园班级管理特色化的模式,可以提升办园特色,塑造自己的幼儿园品牌。

资料链接

第五条幼儿园保育和教育的主要目标如下。

(一)促进幼儿身体正常发育和机能的协调发展,增强体质,促进心理健康,培养良好的生活习惯、卫生习惯和参加体育活动的兴趣。

(二)发展幼儿智力,培养正确运用感官和运用语言交往的基本能力,增进对环境的认识,培养有益的兴趣和求知欲望,培养初步的动手探究能力。

(三)萌发幼儿爱祖国、爱家乡、爱集体、爱劳动、爱科学的情感,培养诚实、自信、友爱、勇敢、勤学、好问、爱护公物、克服困难、讲礼貌、守纪律等良好的品德行为和习惯,以及活泼开朗的性格。

(四)培养幼儿初步感受美和表现美的情趣和能力。

——选自《幼儿园工作规程》第一章 总则

二、幼儿园班级管理的任务

幼儿园班级管理是通过一系列的活动落实的,包括班级教师制订班级管理计划、组织与实施保教活动、检查与调整教育目标与策略、总结与评价活动效果等环节,从而实现幼儿园人、财、物、时间、空间、信息等资源最优组合。具体来说,幼儿园班级管理的任务可以

分为四个方面。

（一）创设良好的班级管理环境

环境是幼儿园重要的教育资源，《幼儿园教育指导纲要（试行）》中明确指出，"幼儿园应为幼儿提供健康、丰富的生活和活动环境，满足他们多方面发展的需要，使他们在快乐的童年生活中获得有益于身心发展的经验"。教师要创设良好的班级管理环境，这是从物质环境和精神环境两个方面提出的要求。

在物质环境方面，环境创设要考虑安全性，确保所用的材料、设备是安全的、符合健康标准的。环境布置的内容与实际教学相适宜，具有教育性。创设环境要符合审美的原则，让幼儿得到美的熏陶。教师可以提供机会，让幼儿参与到环境创设的过程中，成为环境的创造者。教师也要因地制宜，注意使用材料及制作装饰手段上的多样化，保持对幼儿有吸引力。在精神环境方面，教师要为幼儿创设一个自由、宽松、和谐、安全的精神环境，教师之间关系融洽，师幼互动积极有效，让幼儿有归属感和安全感。

（二）明确班级发展目标，制订详细计划

要达到幼儿园班级管理的目标，首先要把实现目标的详细计划制订出来，并考察其可行性。制订详细的可行性计划在幼儿园班级管理的过程中具有重要的地位，只有目标明确，教师才能在班级管理的过程中方向清楚，有把握地选择适宜的组织和人选，采取合适的方法。如果目标不明确，那教师执行计划必将有这样或那样的困惑。如果制定的目标不具有可行性，那就是无意义的计划。

（三）组织管理团队，实施管理计划

幼儿园现行园长负责制，从全园角度来说，幼儿园班级管理应该形成以园长为核心的一元化民主管理体制。管理团队内部人员要分工明确，避免因分工不清而造成管理上的阻碍。从具体的班级角度来说，一个班级内的教师之间要建立和谐的人际关系，明确各个岗位的职责，共同分工合作，完成本班级的管理计划。

（四）开展评价工作，及时调整计划

幼儿园班级管理计划制订的是否合理，实施过程是否科学有效，这要依托于评价。幼儿园班级管理的评价是按照计划标准衡量计划完成情况的重要步骤，通过对前一阶段工作进行总结，纠正计划中的偏差，促进目标的更好实现。在这里，教师要树立一个意识，评价不是目的，只是一种方法和手段，旨在了解班级管理的适应性和有效性，为调整和改进班级管理计划提供依据。再对照目标，开始新一轮的计划—实施—评价，使幼儿园班级管理处于一种时常更新的动态良性循环中。

三、 幼儿园班级管理的原则

原则是指说话办事的基本准则和要求。幼儿园班级管理的原则是指在幼儿园班级管

理过程中必须遵守的普遍性行为准则,对幼儿园班级管理工作具有重要的指导意义。虽然因管理主体不同,幼儿园班级管理存在明显的风格差异,但万变不离其宗,基于幼儿园的班级管理实践,幼儿园班级管理工作应遵循主体性原则、整体性原则、参与性原则、保教结合原则。

(一) 主体性原则

幼儿园教师是班级管理的主体,幼儿是学习和游戏的主体,幼儿园班级管理的主体性原则要求既要尊重教师在班级管理的过程中的自主性、主动性和创造性,又要尊重幼儿在学习和游戏过程中的主观能动性和个体差异性。教师要有针对性地制订班级管理的方案,从本班的实际出发,从幼儿的兴趣爱好和需求出发,创造性地开展班级管理工作,提高班级管理的效果。

主体性原则要求教师在班级管理的过程中要注意三个方面的问题。

(1) 教师要明确自身在班级管理中的职责,把班级管理工作作为重要的工作内容,并积极、主动、高效地落实该项工作。

(2) 教师要充分尊重幼儿游戏和学习的主体性地位。幼儿游戏和学习的主体性地位的落实离不开教师管理中的支持与保障,因此在开展管理的过程中,教师要尊重幼儿的身心发展规律,以先进的教育理念和教育原则为指引,以幼儿的一日生活为载体,最大限度地反映幼儿的需求,从而更好地落实幼儿园的教育目标。

(3) 教师要充分地了解并把握本班的各种管理要素,并通过合理调配,创造性地实现幼儿园班级人、财、物、时间、空间、信息等资源效益最大化。

(二) 整体性原则

整体性原则要求教师在进行班级管理的过程中,应该是面向全体幼儿,涉及班内所有管理要素的整体管理,要树立班级管理的整体观念和全局意识。具体来说,应该包含两个方面的内容。

(1) 整体性原则要求教师要处理好班级整体与幼儿个体之间的关系。教师要尽可能平等地让每个幼儿享受到教育资源,不能偏袒优秀幼儿,忽视一般幼儿,过度保护特殊幼儿。幼儿园的班级管理应是促进班级全体幼儿的共同发展,而不是"重视两头,忽视中间"。教师要关注到班里的每一个幼儿的发展情况,因材施教,根据每个幼儿的特点和发展水平制定合理的发展目标,不搞"一刀切"。另外,教师也要关注到个别幼儿的特殊需求,并有效加以引导,使之能在原有水平上得到发展。

(2) 整体性原则指出了幼儿园班级管理的工作不仅是对人的管理,还包括对财、物、时间、空间、信息等要素的管理。教师要综合的考虑这几个要素之间的关系,合理组织,有机整合,以系统的思维对待各要素之间的相互联系和制约作用,实现人尽其才、物尽其用。

小案例

"独立宝宝"是最近小班开展的一个活动,教师在班级布置环节中做了一个独立宝宝的专栏,对幼儿在园的一日生活进行了详细的记录。如在入园时,有的幼儿可以自己完成脱外套、放书包的任务,有的幼儿可以自己吃饭,有的幼儿可以自己把手洗得很干净,有的幼儿在户外活动前可以自己整理衣服鞋袜,有的幼儿可以自己入睡并且独立穿衣服,等等。每个幼儿的情况都在专栏里有体现,这样就极大地方便幼儿之间的学习观摩,同时家长通过这个专栏也能很清楚地了解孩子在独立性方面的发展情况。

分析:教师设置专栏这个活动体现了班级管理的整体性原则。教师从一日生活的各个环节关注到了班级里的每一个幼儿的独立性发展情况,幼儿通过专栏也能互相学习、主动学习。另外,教师在这个过程中也合理利用了幼儿园人、物、空间等资源,使之更好地发挥教育价值。

（三）参与性原则

参与性原则要求教师在进行幼儿园班级管理的过程中,要以平等、合作的态度对待幼儿,正如有句话说:"蹲下来说话,抱起来交流,手牵手教育。"教师不应该以一种高高在上的姿态教育幼儿,《幼儿园教育指导纲要(试行)》(以下简称《纲要》)指出,教师是幼儿学习活动的支持者、合作者和引导者,所以教师在参与活动时要注意角色的不断变换,以多种形式积极地参与到幼儿的活动中去,与幼儿共同开展学习和游戏。

参与性原则既是教师支持幼儿学习与游戏的方式和手段,又是教师通过直接或间接途径对幼儿进行支持的本身。需要注意的是,在贯彻参与性原则时,教师要依据具体的活动内容、问题情境,在恰当的时间对幼儿进行适时指导。教师在介入幼儿的活动前,要征得幼儿的同意。在指导的过程中要遵循幼儿主体性原则,尊重幼儿的自主探索和发现的能力,培养幼儿学习的积极性和主动性。需要注意的是,教师要把握好对幼儿活动的参与度,关注幼儿活动的实际需要,理解幼儿的需求,在观察和理解的基础上有针对性地帮助幼儿拓展活动经验、提升其活动水平,避免因过度指导带来的负面影响,从而削弱幼儿参与活动的兴趣。

资料链接

十、教师应成为幼儿学习活动的支持者、合作者、引导者。

（一）以关怀、接纳、尊重的态度与幼儿交往。耐心倾听,努力理解幼儿的想法与感受,支持、鼓励他们大胆探索与表达。

（二）善于发现幼儿感兴趣的事物、游戏和偶发事件中所隐含的教育价值,把握时机,积极引导。

（三）关注幼儿在活动中的表现和反应,敏感地察觉他们的需要,及时以适当的方式应答,形成合作探究式的师生互动。

（四）尊重幼儿在发展水平、能力、经验、学习方式等方面的个体差异,因人施教,努力使每一个幼儿都能获得满足和成功。

（五）关注幼儿的特殊需要,包括各种发展潜能和不同发展障碍,与家庭密切配合,共同促进幼儿健康成长。

——选自《纲要》第三部分　组织与实施

（四）保教结合原则

《幼儿园管理条例》和《规程》明确指出,幼儿园应当贯彻保育和教育相结合的原则。保教结合是幼儿园教育工作的重要特点,也是幼儿园班级管理的基本原则。之所以在学前教育阶段要坚持保教结合原则,是由幼儿教育对象的特殊性所决定的。幼儿的身心发展不完善,生活自理能力有限,班级兼具幼儿活动场所和生活场所的双重职能。

保教结合原则要求教师在生活上要保护幼儿的健康,包括幼儿的身体健康、心理健康及社会适应方面的健康。同时又要求教师有计划、有目的地开展德、智、体、美全方面发展的教育活动。保育与教育要互相融合、互相渗透,二者是有机统一体,即常说的保中有教、教中有保。例如,引导小班幼儿怎么洗手、怎么吃饭、怎么睡觉,从保育的角度说,可以保证幼儿身体健康安全发展;从教育的角度讲,可以培养幼儿良好的行为习惯。这些最常见、最简单的例子就是保教结合原则的体现。

对于幼儿园的班级管理工作而言,保教结合一定是重中之重,它是确保幼儿全面和谐发展的基础。幼儿园的一切教育目标都是通过保教活动实现的,因此幼儿园班级管理必须遵循保教结合原则。

✦ 本章小结

（1）幼儿园班级:从广义上来讲,幼儿园班级是由教师、幼儿、家长及社区共同组成的一个活动集体组织,教师、家长和社区共同承担促进幼儿发展的教育任务。狭义的幼儿园班级是指在幼儿园里按照幼儿的年龄、发展水平或者人数等因素组建起来的幼儿的集体,由班级的保教人员按照一定的教育目标、教育任务和教育原则进行教学活动和生活活动的组织和管理。

（2）幼儿园班级管理:指班级教师通过班级管理计划的制订、组织与实施、检查与调整、总结与评价等环节,把幼儿园的人、财、物、时间、空间、信息等资源充分调动起来,使之为实现幼儿教育目标发挥最大的价值。

（3）幼儿园班级管理的意义:①幼儿园班级管理是幼儿园保教质量提升的前提和保障;②幼儿园班级管理有助于促进幼儿的成长;③幼儿园班级管理可以促进教师的专业成长。

（4）幼儿园班级管理的研究方法:规则引导法、榜样激励法、情感沟通法。

（5）幼儿园班级管理的目的:①实现幼儿园教育目标,把幼儿培养成个体生活的主体和社会生活的主体;②维持幼儿园正常的教学秩序,提升办园特色,塑造自己的幼儿园品牌。

（6）幼儿园班级管理的任务:①创设良好的班级管理环境;②明确班级发展目标,制订详细计划;③组织管理团队,实施管理计划;④开展评价工作,及时调整计划。

（7）幼儿园班级管理的原则:①主体性原则;②整体性原则;③参与性原则;④保教结合原则。

实训内容

（1）请选择一个幼儿园班级，结合本章节的学习内容，尝试做一份班级学期工作计划。

（2）随机走访几所幼儿园，了解各幼儿园的办园特色，分析幼儿园班级管理对该幼儿园办园特色的形成有什么作用。

同步练习

（1）简述幼儿园班级管理的意义。

（2）幼儿园班级管理的常用方法有哪些？

（3）幼儿园班级管理的目的和任务是什么？

（4）幼儿园班级管理的原则有哪些？

（5）在班级管理的过程中，有的教师存在明显的重教育、轻保育的现象，请写出你对此种现象的看法。

第二章
幼儿园班级管理的过程

学习目标

- 了解幼儿园班级管理的基本过程以及各部分之间的关系。
- 了解幼儿园班级管理计划的概念、意义、影响因素;知道掌握幼儿园班级管理计划制订的基本要求和依据;掌握幼儿园班级管理计划制订的步骤和内容。
- 了解幼儿园班级管理工作实施的概念和影响因素;掌握组织与实施幼儿园班级管理的基本方法。
- 了解幼儿园班级管理检查与调整的意义、内容;掌握幼儿园常用的检查方式;知道幼儿园班级管理的检查与调整的注意事项。
- 了解幼儿园班级管理总结与评价工作的内容和注意事项;掌握幼儿园班级管理评价工作的方法。

任务导入

- 调查一所幼儿园是否有班级管理工作计划,如何制订的,写出调查报告。
- 详细记录幼儿园的一日生活,了解该教师是如何组织和实施幼儿园班级管理过程的,并写出调查记录。
- 调查你所在的幼儿园班级在管理过程中经常开展哪些检查,检查方式有哪些,都是由哪些主体进行检查的,如何检查的,评价其效果如何,并做好调查记录。

戴明(W. E. Deming,1900—1993 年,美国管理学家)在他的管理学理论中提出,管理是一个复杂的过程,包括四个环节:计划—实施—检查—评价。基于该理念,结合幼儿园自身的管理特点和规律,本书通过四个具体的管理环节介绍幼儿园班级管理的过程,这四个环境分别是:班级管理计划的制订、班级管理的组织与实施、班级管理的检查与调整、班级管理的总结与评价。

如图 2-1 所示,这四个环节相互联系,互为条件,前一个环节是后一个环节的基础,后一个环节又是前一个环节的实践和延伸。其中,计划的制订是基础部分,组织与实施是核心部分,检查与调整、总结与评价这两个环节是反馈部分,也是下一次制订计划的基础,从而形成一个动态的、螺旋上升的循环系统,保证了幼儿园班级管理工作的顺利开展和教学质量的提升。

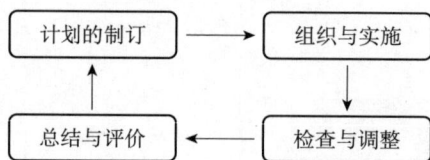

图 2-1　幼儿园班级管理过程示意图

第一节　幼儿园班级管理计划的制订

一、计划制订的概述

（一）计划制订的含义

幼儿园班级管理计划是班级管理教师对班级未来拟定的发展目标和实现目标的操作步骤，它是幼儿园班级管理的起始环节，也是基础部分。幼儿园班级管理计划的制订是否科学合理，对班级管理的成功与否有直接的影响。

按照计划时间的长短，可以分为长期计划、中期计划和短期计划。长期计划一般是指幼儿从小班入园到大班毕业三年的工作规划，中期计划可以理解为一学年的工作计划或一个学期的工作计划，短期工作计划可以理解为一个月、一周甚至一日工作的计划。

（二）计划制订的意义

1. 有助于班级教师全面理解和分析班级情况

在制订幼儿园班级管理计划之前，教师必须从宏观上对班级整体情况进行了解，包括前一阶段的教学进度、幼儿的整体发展水平、本阶段的教学重难点等。教师还要掌握幼儿的个体差异性，通过观察、分析把握不同幼儿的优势、不足，为保教工作的顺利开展做到心中有数。另外，全面理解和分析班级情况还包括对班级幼儿的家庭情况的掌握，为家园合作工作顺利开展提供依据。

2. 有助于班级保教计划的顺利实施

幼儿园班级管理计划指出了幼儿园班级保教工作的总目标及各个阶段的具体目标，并指出了实现该目标的方法和步骤，明确了把幼儿培养成什么样的人，怎么培养。幼儿园班级所有的保教工作必须围绕制订好的计划，有目的、有步骤、有系统地进行，这为班级保教计划的顺利开展奠定基础，同时也是检验班级保教质量的标准。因此，幼儿园班级管理计划的制订有助于班级保教计划的顺利实施。

3. 为幼儿园班级教师的具体工作提供指引

幼儿园班级管理计划规定了班级各项工作的目标、任务、各岗位的职责要求、实施方法、完成时间、责任人等。幼儿园班级教师按岗位各行其职，合理安排自己每个阶段的工作。如果没有幼儿园班级管理计划为教师具体工作提供的指引,教师在工作中就会出现杂乱无章的情况,不利于班级工作系统性、协同性的开展。

二、 计划制订的影响因素和基本要求

(一)计划制订的影响因素

影响幼儿园班级管理计划制订的因素是多方面的,与幼儿园班级管理有直接关系或间接关系的人、物、社会等都可以对班级管理计划的制订产生一定的影响。根据影响因素的来源不同,可将这些因素划分为主观因素和客观因素。

1. 主观因素

对制订幼儿园班级管理计划影响最大的主观因素是教师的因素,因为他们是计划的制订者和实施者。教师对制订班级管理计划的重视程度、对班级管理计划适时更新改进情况、制订班级管理计划的经验和能力等各方面的因素都会对幼儿园班级计划的制订产生影响。另外,幼儿、家长、园领导等人员的主观态度和行为也是不可忽视的影响因素。例如,幼儿园开展职业方面的教学活动,恰好有一位家长是医生,教师在制订计划时设计了邀请该家长来幼儿园向幼儿讲述医生职业相关的内容。但如果这位家长以各种理由推脱,那制订好的计划可能就很难执行。

2. 客观因素

客观因素是指外在事物或者环境对制订幼儿园班级管理计划的影响,如客观资源条件,包括班级资源、园所资源、社区内部资源、周围环境资源、家长方面的资源等。客观因素还包括社会关系、社会文化、社会现象等因素,如看动画片对幼儿的影响。因此,教师在制订计划时,要全面考虑各因素的影响,保证计划制订的科学性、合理性和可操作性。

(二)计划制订的基本要求

1. 符合国家政策和幼儿园的基本要求

幼儿园班级管理是幼儿园执行国家教育方针和理念、落实教育政策的重要阵地。幼儿园班级管理计划的制订必须执行国家对幼儿教育的基本要求,贯彻国家关于幼儿园教育工作的基本法律法规和条例,体现《幼儿园教育指导纲要(试行)》《3—6岁儿童学习与发展指南》(以下简称《指南》)、《幼儿园工作规程》等纲领性文件的精神。同时,也要贯彻所在幼儿园的保教理念和要求,体现园所的办学宗旨和办学特色,并不断进行改革创新。

2. 符合幼儿的年龄及身心发展特点

班级管理计划的制订要符合幼儿的年龄,年龄不同,幼儿的身心发展特点也不同,如表2-1所示,3~6岁幼儿在力量和耐力方面的发展目标存在显著的差异。教师要熟悉幼儿的年龄特点,按照"最近发展区"的理念设计不同层次和难度的教育内容,这样制订的计划才具有可行性和实用性,难度过高或过低,都不利于班级工作的开展,也不利于促进幼儿的发展。

表 2-1　3～6 岁幼儿力量和耐力方面的发展目标

3～4 岁	4～5 岁	5～6 岁
1. 能双手抓杠悬空吊起 10 秒左右。 2. 能单手将沙包向前投掷 2 米左右。 3. 能单脚连续向前跳 2 米左右。 4. 能快跑 15 米左右。 5. 能行走 1 千米左右（途中可适当歇歇、停停）	1. 能双手抓杠悬空吊起 15 秒左右。 2. 能单手将沙包向前投掷 4 米左右。 3. 能单脚连续向前跳 5 米左右。 4. 能快跑 20 米左右。 5. 能连续行走 1.5 千米左右（途中可适当停歇）	1. 能双手抓杠悬空吊起 20 秒左右。 2. 能单手将沙包向前投掷 5 米左右。 3. 能单脚连续向前跳 8 米左右。 4. 能快跑 25 米左右。 5. 能连续行走 1.5 千米以上（途中可适当停歇）

——摘自《3—6 岁儿童学习与发展指南（征求意见稿）》

3. 符合幼儿园教育的原则

幼儿园班级管理工作应遵循主体性原则、整体性原则、参与性原则、保教结合原则（详见第一章第二节），这不只是开展保教活动的过程中要遵守的原则，在制订幼儿园班级管理计划的过程中同样要遵守这四个原则。如在制订计划的时候要遵守保教结合的原则，所以在设计一日生活的各环节时要做到"教中有保、保中有教"。当然每个环节又有侧重点，如进餐、喝水环节侧重于保育，集体教学活动中侧重于教育。

4. 制订的计划要全面、具体、可行性强

制订的班级管理计划必须统筹幼儿园班级的人、财、物、时间、空间等各项要素，全面安排。制订的计划要思路清晰、主次分明、步骤明确、责任到人。要留有一定的弹性空间，多方面考虑可能发生的情况，制订备选方案。结合幼儿园的实际情况，考察计划的可行性，以保证计划的切实落实。

资料链接

一、幼儿园的教育是为所有在园幼儿的健康成长服务的，要为每一个儿童，包括有特殊需要的儿童提供积极的支持和帮助。

二、幼儿园的教育活动，是教师以多种形式有目的、有计划地引导幼儿生动、活泼、主动活动的教育过程。

三、教育活动的组织与实施过程是教师创造性地开展工作的过程。教师要根据本《纲要》，从本地、本园的条件出发，结合本班幼儿的实际情况，制订切实可行的工作计划并灵活地执行。

四、教育活动目标要以《规程》和本《纲要》所提出的各领域目标为指导，结合本班幼儿的发展水平、经验和需要来确定。

五、教育活动内容的选择应遵照本《纲要》第二部分的有关条款进行，同时体现以下原则。

（一）既适合幼儿的现有水平，又有一定的挑战性。

（二）既符合幼儿的现实需要，又有利于其长远发展。

（三）既贴近幼儿的生活来选择幼儿感兴趣的事物和问题，又有助于拓展幼儿的经验和视野。

——选自《幼儿园教育指导纲要（试行）》第三部分　组织与实施

三、 计划的制订

（一）制订的依据

1. 依据幼儿园的管理计划

幼儿园整体的管理计划是基于国家政策和《纲要》《规程》《指南》等纲领性文件要求，并结合本园的实际情况制定，经专家或教育管理部门论证过的，是幼儿园班级管理的指导性文件。所以，幼儿园班级管理计划的制订要与幼儿园整体的管理计划保持一致。

2. 依据班级具体情况

班级的具体情况可以分两个方面进行考虑：一是上一阶段班级管理计划的实施情况，包括做了哪些工作，效果如何，幼儿可以达到什么水平，存在什么问题，有哪些改进策略等，这是目前工作开展的基础。二是当前班级管理现状，可以从教师、幼儿和家长三个方面进行分析，如教师的业务能力、专业特长，幼儿的兴趣爱好和需要，家长的教育背景和教育理念等。

3. 依据其他条件

其他条件涉及的内容比较广，如幼儿园的财力、物力、环境、资源等方面的支持，园内、园外其他条件的保障等。例如，幼儿园附近有一个昆虫展览馆，在制订班级管理计划的时候，可以考虑加入带幼儿参观昆虫展览馆的内容。

（二）制订的步骤

幼儿园班级管理计划一般每学期开学前制订一次，由负责本班的所有保教老师共同讨论研究，合作撰写而成。具体要经过四个步骤。

（1）认真学习《纲要》《规程》《指南》和幼儿园整体管理计划，确保班级管理计划与幼儿园整体管理计划一致。

（2）研究上学期工作总结，了解上学期班级管理的成果、不足及需要改进的地方。

（3）共同讨论，确定本学期班级管理工作计划的主要内容。

（4）撰写班级管理工作计划。

（三）制订的内容

常见的幼儿园班级管理计划包括以下四个方面的内容：班级基本情况分析、本学期工作的主要目标、具体要求和措施、时间进度安排。具体的呈现形式可以是文字，也可以是表格（表2-2）。

表 2-2　班级学期工作计划表

班级：＿＿＿＿＿＿＿＿　　　　＿＿＿＿＿＿＿＿学年 第＿学期　　　制订人：＿＿＿＿＿＿

	主要目标	具体要求	实施措施	完成时间	责任人	备注
班级基本情况分析						
本学期工作的主要目标						
生活管理						
教育管理						
家长工作						
其他工作						

1. 班级基本情况分析

　　班级基本情况分析包括两方面的内容：对上学期班级工作的总结和对当前班级情况的介绍。上学期工作可以从成绩和不足两个角度分析，当前班级情况介绍要包括班级幼儿年龄特点和身心发展特点、班级组织情况、教师情况、幼儿园办园条件等。

2. 本学期工作的主要目标

　　目标要符合幼儿园的整体管理目标和本班幼儿的实际情况，从生活管理、教育管理、家长工作和其他工作等角度提出本学期的班级管理主要目标。目标要有针对性，不可照搬幼儿园的整体管理计划，在撰写时要注意科学准确，简明扼要。

3. 具体要求和措施

为保证班级管理目标的顺利实现,要把每一项目标任务分解为多个具体的、可操作的小目标,并对应提出一条或多条实现目标的切实可行的实施措施。实施措施的表述要具体,操作方便。各项实施措施要责任到人,确保目标的达成。

4. 时间进度安排

给出每一项措施的完成时间,确保在规划的时间内落实,便于对照和检查。

第二节 幼儿园班级管理的组织与实施

一、 组织与实施概述

幼儿园班级管理的组织是指幼儿园教师将班级中的人、财、物、时间、空间等因素进行合理安排,使它们成为一个系统性、协调性的整体,以便实现计划中的预定目标。实施则是指将之付诸实践。幼儿园班级管理的组织与实施是幼儿园班级管理的核心部分,通过组织与实施,幼儿园班级管理制订的计划才能落到实处。

进一步分析,幼儿园班级管理的组织与实施过程具有以下三个特点。

(1)具有目的性。它以制订的幼儿园班级管理计划中的目标为指引,各项活动均为实现该目标而服务的。

(2)具有全面性。要求教师全面合理安排班级里的人、财、物、时间、空间等因素,忽视任何一个方面都会对组织效果产生影响。

(3)具有系统性和整体性。班级中的各个要素不是孤立存在的,必须协调好各要素之间的关系,使之成为一个系统性的整体。例如,区域活动中要考虑幼儿自主活动和教师指导之间的关系,幼儿数量和材料供给之间的关系、活动区和空间布置之间的关系,等等。只有各个要素之间合理安排,才能保证幼儿区域活动的质量。

资料链接

六、教育活动内容的组织应充分考虑幼儿的学习特点和认识规律,各领域的内容要有机联系,相互渗透,注重综合性、趣味性、活动性,寓教育于生活、游戏之中。

七、教育活动的组织形式应根据需要合理安排,因时、因地、因内容、因材料灵活地运用。

——选自《纲要》第三部分 组织与实施

二、 组织与实施影响因素

幼儿园班级管理与实施的工作烦琐、复杂,头绪众多,也是教师班级管理过程中最主要、大量的、日常性的工作。按照计划进行组织与实施的过程中,会受到很多因素的影响,按照其来源不同,可分为内部因素和外部因素。

内部因素是指幼儿园班级内部人、财、物、时间、空间等因素,其中最重要的是人的因素,包括教师、幼儿以及教师与幼儿之间的相互关系等。

外部因素是指幼儿园班级以外的因素,包括幼儿园因素、家庭的因素及社区因素。如园领导、园制度、规则、园风;家长的教育理念、教育背景、家庭经济情况;社区环境;等等。

三、 组织与实施具体实施

(一)教师分工

目前我国幼儿园班级教师配置是多样化的,常见的是一个班配置两名教师,一名保育员;或者每班配置 3 名教师,3 名教师轮流负责保育工作。幼儿园委派其中一名教师为主班教师,他是班级主要负责人,也称为班长或班主任。各岗位教师要明确自己的责任,同时作为一个整体,更要互相合作,互助互补。

2016 年新修订的《幼儿园工作规程》明确规定了各岗位保教人员的主要职责,内容如下。

1. 教师的主要职责

幼儿园教师对本班工作全面负责,其主要职责如下。

(1)观察了解幼儿,依据国家有关规定,结合本班幼儿的发展水平和兴趣需要,制订和执行教育工作计划,合理安排幼儿一日生活。

(2)创设良好的教育环境,合理组织教育内容,提供丰富的玩具和游戏材料,开展适宜的教育活动。

(3)严格执行幼儿园安全、卫生保健制度,指导并配合保育员管理本班幼儿生活,做好卫生保健工作。

(4)与家长保持经常联系,了解幼儿家庭的教育环境,商讨符合幼儿特点的教育措施,相互配合共同完成教育任务。

(5)参加业务学习和保育教育研究活动。

(6)定期总结评估保教工作实效,接受园长的指导和检查。

2. 保育员的主要职责

(1)负责本班房舍、设备、环境的清洁卫生和消毒工作。

(2)在教师指导下,科学照料和管理幼儿生活,并配合本班教师组织教育活动。

(3)在卫生保健人员和本班教师指导下,严格执行幼儿园安全、卫生保健制度。

(4)妥善保管幼儿衣物和本班的设备、用具。

小案例 幼儿园（托、小班）午睡环节班级教师职责分配

主班教师	配班教师	保育员
1. 检查幼儿口袋和手中是否有物品，禁止带入睡眠室，女孩摘掉发饰。 2. 组织幼儿睡前如厕，穿拖鞋，有序轻声进入睡眠室。 3. 指导幼儿按顺序正确脱衣服，并把衣服有序叠好。 4. 组织并指导幼儿将拖鞋摆放在指定位置，脚尖朝外。 5. 指导幼儿上床、盖好被子、闭上眼睛准备入睡。 6. 再次检查所有幼儿手中、床边是否有异物。 7. 帮助入睡难幼儿尽快进入午睡。 8. 大部分幼儿入睡后，值班教师值午睡，其他教师离开	1. 幼儿进入睡眠室前检查幼儿床铺上有无不安全物品（小夹子、小食品、别针、玩具等），并及时处理。 2. 播放睡前音乐或睡前故事。 3. 协助主班教师指导幼儿按顺序正确脱衣服，并把衣服有序叠好。 4. 组织并指导幼儿将拖鞋摆放在指定位置，脚尖朝外。 5. 指导幼儿上床、盖好被子、闭上眼睛准备入睡。 6. 再次检查所有幼儿手中、床边是否有异物。 7. 帮助入睡难幼儿尽快进入午睡	1. 做好午睡准备：拉窗帘、保温、铺床、被子。 2. 注意铺床的通道，要利于教师管理与照顾幼儿。 3. 根据季节情况做必要的防蚊、防暑降温工作。 4. 餐后卫生后，协助教师组织幼儿入睡，整理衣物

（二）幼儿分组

我国幼儿园班级普遍人数较多，按照《规程》规定，小班25人，中班30人，大班35人。对幼儿进行分组教学或分组游戏，可以提高教师指导的针对性。同时，小组的形式也有利于幼儿交流合作能力的培养。

幼儿分组一般是根据具体的日常管理需要进行的，如活动室的空间、桌子的大小、全班幼儿的人数等，有时也根据教学内容的需要或者幼儿能力的需要进行分组。例如，进餐时，教师会根据班级人数把幼儿分为三组，每个教师重点负责一个组的幼儿；在区域活动时，由于场地和材料的限制，整个活动室分成若干区域，每个区域可以允许4～6名幼儿进入；在集体教学时会引导幼儿进行分组练习。

在幼儿分组的过程中有以下几点需要注意。

（1）要考虑幼儿能力的强弱搭配，性别搭配，实现优势互补。

（2）要考虑每组幼儿的人数，避免人数过多或过少，组间人数尽量均衡。

（3）可以设立小组长、小值日生等角色，引导幼儿学会自我管理。组内幼儿轮流担任该角色，给每个幼儿锻炼的机会。

（4）定期更换幼儿的位置或小组，一方面避免由于位置固定引起的视觉发育隐患；另一方面可以保持幼儿新鲜感，促进幼儿的交流。

（三）空间规划

幼儿园班级活动的空间包括室外空间和室内空间。室外空间主要指户外活动场地，一般是与其他班级共用的公共空间；室内空间包括班级活动室、睡眠室、走廊等。《纲要》指出："环境是重要的教育资源"，所以教师要合理使用班级活动空间，最大限度地发挥其教育价值。

在班级空间规划上,应注意以下几个问题。

(1) 要根据天气和季节的变化,选择合适的活动空间和场地。例如,夏季要去凉快的地方活动,避免幼儿中暑;冬天要选择阳光充足的地方活动,避免幼儿受凉;下雨天或大风天、雾霾天等要避免去户外活动。

(2) 充分利用班级空间为幼儿规划活动区,区域数量、大小适宜,动静分离、干湿分离。

(3) 睡眠室可以根据情况一室多用,如布置一个阅读区或娃娃家。

(4) 充分利用走廊、楼道等空间,用来展示幼儿的作品、摆放幼儿的衣物柜、布置家园联系专栏等。

(5) 充分利用活动室,做好活动室主题墙的布置与定期更换,使之成为幼儿潜移默化的教育资源。

资料链接

八、环境是重要的教育资源,应通过环境的创设和利用,有效地促进幼儿的发展。

(一) 幼儿园的空间、设施、活动材料和常规要求等应有利于引发、支持幼儿的游戏和各种探索活动,有利于引发、支持幼儿与周围环境之间积极的相互作用。

(二) 幼儿同伴群体及幼儿园教师集体是宝贵的教育资源,应充分发挥这一资源的作用。

(三) 教师的态度和管理方式应有助于形成安全、温馨的心理环境;言行举止应成为幼儿学习的良好榜样。

(四) 家庭是幼儿园重要的合作伙伴。应本着尊重、平等、合作的原则,争取家长的理解、支持和主动参与,并积极支持、帮助家长提高教育能力。

(五) 充分利用自然环境和社区的教育资源,扩展幼儿生活和学习的空间。幼儿园同时应为社区的早期教育提供服务。

——选自《纲要》第三部分　组织与实施

(四) 时间管理

幼儿园教师要根据本班的实际情况,科学地规划幼儿一学期的时间,合理安排幼儿的一周活动计划,恰当组织幼儿在园的一日活动。

1. 学期工作计划

学期工作计划的内容和要点在"幼儿园班级活动计划的制订"部分已经详细剖析,在此不做赘述。需要注意的是,由于幼儿的实际情况不同,所以每个班级的学期工作计划也应该有所区别。

资料链接

九、科学、合理地安排和组织一日生活。

(一) 时间安排应有相对的稳定性与灵活性,既有利于形成秩序,又能满足幼儿的合理需要,照顾到个体差异。

(二)教师直接指导的活动和间接指导的活动相结合,保证幼儿每天有适当的自主选择和自由活动时间。教师直接指导的集体活动要能保证幼儿的积极参与,避免时间的隐性浪费。

(三)尽量减少不必要的集体行动和过渡环节,减少和消除消极等待现象。

——选自《纲要》第三部分 组织与实施

2. 一周活动计划

一周工作计划是对一学期工作计划的细致化和具体化。一般来说,一学期工作计划是由若干个周工作计划呈现。一周工作计划包括本周主题、教育目标、工作重点、教育内容、每天要开展的活动介绍、生活指导、环境创设及材料提供、家园共育等,如表2-3所示。

表 2-3 某幼儿园一周工作计划表

班级:大班　　　　　　　周次:第四周　　　　　　日期:××××年×月×日—×月×日

本周主题			请让我来帮助你			
主题目标		1. 感受自己与弟弟妹妹的不同,学习照顾弟弟妹妹的初步技能与方法,体验当哥哥姐姐的自豪。 2. 懂得帮助弱小者或有困难的人,感受帮助别人的快乐。 3. 尝试使用礼貌用语,以恰当的方式与他人交往,提高交往的能力				
工作重点		1. 提高幼儿与人相处的技能,培养幼儿交往能力。 2. 丰富班级区域活动材料				
时间		周一	周二	周三	周四	周五
上午	晨间活动	抛接球	跳绳	跨栏	轮胎、竹梯	跳跳球
	教学活动	社会:我来帮助你	美术:假如我有一朵七色花	数学:找朋友	音乐:请让我来帮助你	语言:七色花
	游戏活动	羽毛球	投篮	两人三足跑	皮球	吸盘球
下午	户外活动	踢足球	跳绳	纸棒、纸球	转呼啦圈	轮胎竹梯
	室内活动	折纸世界	音乐欣赏	桌面游戏	故事欣赏	动画一刻
生活指导		自己的事情自己做,多喝水,注意天气变化,与同伴友好交往				
环境创设材料提供		继续增添可以同伴合作完成的材料,添置在班级区角中				
家园共育		1. 请家长带幼儿到小区里寻找需要帮助的人,并给予帮助。 2. 请家长配合帮助幼儿提高助人为乐的意识				

3. 一日活动计划

幼儿园班级一日工作计划是对周工作计划进一步的具体化,一般是根据全天保教活动流程安排的,需要提出明确的组织要求,如表2-4所示。

表 2-4　幼儿园一日活动流程及教师组织要求

时间	活动	教师工作职责
7:30—8:00	入园	开窗通风;整理幼儿毛巾和杯子;接待幼儿,做好特殊事宜记录;晨间检查;组织幼儿晨间活动;检查教具教材是否到位
8:00—8:20	早餐	分发早餐,组织幼儿进餐,观察各个幼儿食量。鼓励幼儿自己进食,协助个别幼儿进食,饭后漱口。先吃完的幼儿安排活动或休息、看图书、自由活动
8:20—8:30	餐后整理、洗手、上厕所	清理餐桌、进餐区域;组织幼儿有序如厕;洗手前卷起袖子,节约用水,洗手后擦干手
8:30—9:00	早操	鼓励每位幼儿做操,检查幼儿动作到位。排队上厕所、洗手、擦手(保持幼儿在老师的视线范围内)
9:00—9:30	教学活动(一)	课前精心准备,课堂激情呈现;机会均等,关注个别差异;留意小朋友对每步教学活动的反应;课后公正评测与总结,发现问题找出原因及解决方案,为以后的教学积累经验
9:30—9:40	课间如厕、洗手、饮水	组织幼儿有序如厕,便后洗手,保持幼儿在老师的视线范围内;组织幼儿饮水(冬天应是热水)
9:40—10:00	教学活动(二)	培养幼儿良好的学习和生活常规,锻炼幼儿动手能力,鼓励创新和发现;课后督促幼儿归还和整理教具
10:00—10:10	课间整理、甜点时间、饮水	组织幼儿进食前洗手,先喝水,依序取食,吃完后洗手、擦手
10:10—10:50	户外活动或区域活动	组织幼儿列队行走,注意安全;户外活动避免大运动,如奔跑、盲人摸象游戏等;锁定幼儿在视线范围,时刻警惕安全隐患;活动后给幼儿擦汗。天雨时进行室内区域活动
10:50—11:10	进班整理、饮水、餐前准备	如厕、洗手,然后给幼儿饮用少量温水;组织幼儿依序如厕,便后洗手、擦手、喝水,保持幼儿在老师的视线范围内;餐前活动包含区域活动、听故事、游戏活动
11:10—11:45	午餐时间	分发午餐,组织幼儿进餐,观察各个幼儿食量;鼓励幼儿自己进食,协助幼儿进食;先吃完的幼儿漱口后安排活动,避免消极等待
11:45—12:00	如厕、餐后活动	饭后组织幼儿依序如厕,便后洗手并将手擦干净;餐后组织幼儿散步,播放睡前音乐
12:00—14:30	午休时间	鼓励幼儿自己脱衣、叠衣、盖被。维持纪律,需有值班老师时刻检查幼儿是否盖好被子;老师做就餐区域的清理工作、学习、备课或准备教具
14:30—15:00	起床整理、吃午点、饮水	播放起床音乐,鼓励幼儿自己穿衣,整理被子。先穿好的幼儿等待和帮助其他幼儿。组织幼儿依序如厕、洗手。组织幼儿依次取午点,吃后洗手、擦手

时间	活动	教师工作职责
15:00—15:30	教学活动(三)	音乐律动、游戏,复习上午课的知识点,练习与复习设计的活动要有趣、新颖。组织幼儿饮水,准备户外活动
15:30—16:00	户外活动	组织幼儿进行户外活动,教师巡回指导,要求幼儿注意活动安全,及时给需要的幼儿提供帮助
16:00—16:10	进班整理、饮水、餐前准备	要求同午餐
16:10—16:40	晚餐时间	要求同午餐
16:40—17:00	离园前的准备	有组织展开离园前活动;配班老师整理好幼儿的书包,确定幼儿物品和家园联络表放入幼儿书包。整理老师需要与家长沟通的内容,以便接园时与家长沟通
17:00—17:30	幼儿离园,整理教室	与家长交接幼儿,交流当天幼儿学习与生活情况。听取家长意见,并记录上报。与幼儿快乐道别,叮嘱次日按时到校。安排好未走幼儿的活动,整理教室、陈列柜、办公桌;清洗和消毒幼儿杯子和毛巾。再次查看第二天的教学计划和教具,如有需要进行及时调整

(五)物品安排

幼儿园班级物品泛指幼儿在园一日生活所需的所有的物品,包括生活物品、学习用具、教学设备、游戏设施和材料等。教师对幼儿园班级物品的管理要建立物品清单,由专人负责,做到心中有数,详细记录物品的名称、数量、型号、经手人等信息,方便查询,详见表2-5。在物品的摆放上,要有序、合理,在保证幼儿使用方便的同时,也为教师管理提供了便捷。另外要注意危险用品,如剪刀、小刀、消毒液等,要放置到幼儿够不到的地方,妥善保管。

表 2-5 班级物品登记表

登记日期:____月____日　　　　班级名称:_____　　　　登记人:_____

序号	名称	类型	单位	数量	备注
1	桌子	塑料	张	5	圆弧形状,粉红色
2	幼儿椅子	木质	把	35	浅木色
3	床	塑料叠放	张	35	粉红色
4	书柜	木质	个	10	浅木色

第三节　幼儿园班级管理的检查与调整

一、 检查与调整的意义

检查与调整是幼儿园班级管理过程中很重要的一个组成部分,是对已制订计划的验证,是对班级管理组织与实施过程中出现的问题进行的及时调整。在幼儿园班级管理的过程中,如果只有计划的制订,而没有检查,那计划就有可能流于形式。检查环节的存在,可以在很大程度上督促教师认真执行计划。而调整可以使实施情况更符合目标的要求,它既可能是对计划的调整,也可能是对组织与实施过程的调整。

检查与调整是渗透在幼儿园班级管理组织与实施的过程中的,是对班级管理组织与实施阶段各种信息的反馈,帮助教师对原计划做出合理的调节,防止因考虑不当引起的失误或者失控。从这个角度来说,检查与调整对幼儿园班级管理的过程意义是很重要的,它可以帮助教师从大量积累的材料中分析班级管理工作中的经验和问题,并找出改进措施,提升教师的幼儿园班级管理经验和水平。

二、 检查与调整的内容

幼儿园班级管理工作的检查一般在学期初进行,通过对各班管理工作计划的检查,发现其优势和不足,及时调整和修改计划,班级保教人员在此基础上开展活动。幼儿园班级管理的检查与调整的内容包括班级管理计划和组织实施班级管理过程两个方面。

(1) 在检查班级管理计划方面,要检查是否符合我国的教育方针政策和纲领性文件的要求,能不能体现幼儿园教育的原则,能不能很好地落实全园整体管理计划和精神,能否与上一阶段的管理活动很好地衔接,体现计划的连续性和渐进发展性。

(2) 在幼儿园班级管理组织与实施方面,包括保教人员工作情况、班级安全情况、一日生活的安排情况、教育活动、游戏活动、环境创设、家园合作等方面。

通过对班级管理计划和组织实施情况的检查,发现其中存在的问题,给出相应的调整和修改意见。班级各岗位保教人员应结合检查者提出的意见,调整计划中不合理的地方,并落实在实施过程中。

三、 检查与调整的方式

幼儿园常用的检查方式除了园领导、保教主任检查外,还有教师自查、互查、负责人检查等方式。除了正式的表格式检查表,有时候检查也会以谈话、汇报、问卷、会议等多种形式进行。如表 2-6 所示,从上课情况、小朋友间协作、生活自理情况、孩子整体表现四个方面对幼儿的在园表现进行检查记录。

表 2-6 幼儿在园表现检查记录表

班级：_____ 幼儿姓名：_____ 记录者：_____

项目		内　　容
上课情况	教师提问	（　）积极　（　）较积极　（　）很少发言
	听课	（　）认真　（　）较认真　（　）爱讲话　（　）偶尔讲话
		（　）上课爱做小动作　（　）上课偶尔做小动作
	参与游戏	（　）积极主动　（　）情绪不高　（　）不愿参与
小朋友间协作		（　）能与小朋友友好相处 （　）基本能与小朋友友好相处 （　）不能和小朋友友好相处 （　）有其他不明行为
生活自理情况	吃饭情况	（　）能独立吃饭　（　）吃饭时有小动作
	睡觉情况	（　）上床能很快睡 （　）偶尔有睡不着情况 （　）经常睡不着
孩子整体表现	生活自理	（　）上升　（　）稳定　（　）退步
	生活习惯	（　）优秀　（　）良好　（　）一般　（　）较为薄弱
	性格表现	（　）积极乐观　（　）胆小退缩

四、 检查与调整应注意的问题

在进行检查和调整的过程中要注意以下几个问题。

（1）要有目的、有计划地进行检查。以目标为依据，以计划中的内容和要求为标准，重点检查班级的实际情况是否符合班级管理计划，组织与实施的过程是否与计划一致，目标明确，步骤清晰。

（2）检查的目的在于发现问题，总结经验，以便改进工作。所以，要实事求是开展检查工作，避免流于形式。

（3）切勿抱着"挑毛病""查问题"的心态进行检查，否则会给教师带来很大的心理压力。检查不是目的，只是一种管理手段，坚持检查与指导相结合。通过检查制定出更加切实可行的措施，帮助被检查者调整计划，改进工作，最终实现班级管理目标。

第四节　幼儿园班级管理的总结与评价

一、 总结与评价概述

幼儿园班级管理的总结与评价是在全面获取幼儿园班级管理工作相关信息资料的基础上，对班级工作计划完成的情况进行总结、审查、评估的过程，旨在总结成绩与经验，发现问题与不足,进行研究和反省。其中,总结侧重于对这一阶段工作的回顾和得失分析;评价则侧重于依据一定的标准和程序,有目的、有计划、有组合地对该阶段工作进行调研,做出价值判断。

在幼儿园班级管理的过程中,总结与评价是至关重要的,它对上一阶段的工作起着检测、判断、矫正、激励、反馈的作用,同时对下一阶段的工作又具有指导、修正、改革工作方向的功能。总结与评价的过程能促使班级管理工作理论与实践相结合,保证其沿着科学化、合理化的道路发展。同时,总结与评价的过程也为班级之间互相交流提供了资源,帮助教师互相借鉴、相互学习。如果缺少总结与评价的环节,就很难知道教师对班级管理的实施成效,更没有办法科学、正确地进行价值判断。

二、 幼儿园班级管理的总结

(一)总结的内容

1. 总结任务完成情况

任务完成情况是主要总结在计划制定的目标中,哪些已完成,完成的质量如何;哪些还没有完成,没有完成的原因是什么。在分析原因的时候,可以从工作量、目标的难度、幼儿的能力水平、保教人员的能力、物质材料支持、时间保证等方面进行分析,力争做到全面、客观、真实。

2. 班级保教工作情况分析

班级保教情况分析涉及三个方面。

(1)幼儿的健康情况,如出勤率、发病率、定期体检情况等。

(2)教育工作情况,可以从教师对教育计划的执行情况和幼儿在保教活动中的学习和成长情况两个方面进行总结。

(3)家长工作情况,如家长会、家访、家长开放日、亲子活动等开展的次数和质量,以及日常中家长的意见和处理结果等。

3. 班级教师的工作态度和协作精神

这部分主要总结本班教师是如何团结一致克服班级管理过程中的困难,有哪些值得学习的突出事迹。班级管理过程中是如何做好分工合作,有什么值得推广的经验等。如果在工作过程中因为态度问题或者协作产生不好的影响,也可以实事求是的进行描述,以便大家吸取经验教训,避免犯类似的错误。

4. 班级管理工作目前存在的优势和不足,提出改进措施

总结的最后,一般会对目前班级管理工作存在的问题和不足进行总结,使班级保教人员清楚地认识到自己的优势和不足,指出今后工作的重点及改进措施,为下一阶段工作计划的制订提供方向和依据。

(二)总结的注意事项

在对幼儿园班级管理工作进行总结的过程中,要注意以下三个方面的内容。

（1）总结要重点突出。简单的记流水账或对工作进行罗列不是总结，在总结的过程中要注重对工作内容的提炼和概况，找出存在的根本性问题，深入分析原因，尝试对症提出解决方案，以方便工作的改进和提高。

（2）要对照计划进行总结。在幼儿园班级管理的过程中，制订的计划既是管理工作的出发点，又是最终的检验标准，因此总结时，必须对照计划，分析计划的完成情况、目标的实现程度、在组织与实施的过程中存在的问题及取得的经验。总结不仅是查找问题、解决问题的过程，也要善于总结优点，增强教师工作的自信心和成就感，以更好地实现经验推广。

（3）要注重平时数据、图片、影像等资料的收集，引用在总结中，做到总结陈述依据事实说话，分析有理有据，说服力强。

三、 幼儿园班级管理的评价

（一）评价的内容

幼儿园班级管理工作的评价是围绕班级管理的各项工作内容开展的，包括以下几个方面。

（1）对保教工作的评价，如班级课程管理情况、班级安全工作、班级卫生情况、班级环境创设情况等评价。

（2）对班级教师工作的评价，如教师的工作态度、工作能力、敬业精神、协作情况、完成任务情况等评价。

（3）对幼儿发展的评价，如幼儿常规培养情况、幼儿学习能力发展情况、幼儿生活和卫生习惯养成情况等评价。

（4）其他方面的评价，如班级家长工作情况、利用社区资源情况等评价。

（二）评价的方法

幼儿园班级管理的评价工作要坚持科学性、民主性的原则，客观公正地进行评价，并且要做到评价与指导相结合。常用的评价方法有自我评价法和他人评价法、量化评价法和非量化评价法。

1. 自我评价法和他人评价法

按照评价的主体，可以分为自我评价法和他人评价法。

自我评价法主要包括两个方面的内容，一是介绍设计意图，二是对优缺点等进行初步的自我分析和评定，易于进行，但有较强的主观性。他人评价法，一般来说可重点围绕目标、准备、过程和效果等几个方面进行展开，评价的主体是园长、保教主任、其他教师或领导等，评价相对客观，但是操作比较麻烦。两种方法各有利弊，在幼儿园实际工作中，一般是相互结合使用。

2. 量化评价法和非量化评价法

量化评价法是在评价的过程中采用数学的方法进行评价，最常见的是打分形式，如表 2-7 所示。非量化评价法在评价的过程中不采用数学的方法，而是采用等级评定或者评语等形式,如评定优、良、中、差四个等级。量化评价法和非量化评价法也是各有利弊,一般在工作中也结合使用。

表 2-7　幼儿园社会领域教育活动评分表

被评价人:＿＿＿＿＿＿　　　　评价人:＿＿＿＿＿＿　　　　日期:＿＿＿＿＿＿

评价指标	评价要素	评分
活动目标 (15分)	1. 根据《纲要》制定明确、具体活动目标,领域核心目标突出,能有机结合情感、态度、能力、知识、技能等方面的发展	
	2. 适合幼儿年龄特点和本班实际水平	
	3. 能促进幼儿正确社会认知、激发社会情感、形成良好的社会行为,在自我、人际关系和社会规范方面得到发展	
活动内容 (15分)	1. 与活动目标相适应	
	2. 贴近幼儿生活经验,符合幼儿的年龄特点	
	3. 符合幼儿兴趣,满足发展需要	
	4. 适合幼儿体验和感受	
活动组织 (20分)	1. 创设接纳、关爱、支持幼儿活动的环境,师生关系和谐,精神环境宽松	
	2. 挖掘并利用多种教育资源,拓展学习活动空间	
	3. 灵活运用集体教育活动,可采用游戏、参观、劳动等园内、园外多种活动途径,调动幼儿学习主体性	
	4. 根据目标及幼儿活动特点,选择集体、小组等组织形式进行教育活动,可体现过程性和连续性特点	
活动过程 (30分)	1. 围绕目标组织教育活动,活动过程安排合理	
	2. 突出社会领域教育的特点,为每个幼儿提供能够获得体验和感受的活动机会与条件	
	3. 注重幼儿的体验和感受活动过程,进行及时指导,使幼儿获得社会性发展	
	4. 关注每个幼儿在体验和感受活动中的表现和反应,及时、有效应答幼儿需要	
	5. 用自身感染力与幼儿之间形成有效的师生互动	
	6. 及时捕捉教育契机,随时调整教育策略	
	7. 充分发挥幼儿的主体性,调动幼儿活动积极性,使幼儿在活动中获得有意学习经验	
活动效果 (20分)	1. 幼儿对活动感兴趣,积极主动参与活动,大胆表达和表现	
	2. 幼儿有良好的学习及行为习惯	
	3. 幼儿能与周围人、事、物形成积极有效的互动	
	4. 幼儿在社会认知、社会情感、社会行为等方面获得不同程度发展,在活动中获得新经验	
总分		

✦ 本章小结

（1）幼儿园班级管理计划：指班级管理教师对班级未来拟定的发展目标和实现目标的操作步骤。

（2）制订幼儿园班级管理计划的意义：①有助于班级教师全面理解和分析班级情况；②有助于班级保教计划的顺利实施；③为幼儿园班级教师的具体工作提供指引。

（3）制订幼儿园班级管理计划的影响因素：主观因素主要是教师因素，另外，幼儿、家长、园领导等人员的主观态度和行为也是不可忽视的影响因素。客观因素是指外在事物或者环境对制订幼儿园班级管理计划的影响。

（4）制订幼儿园班级管理计划的基本要求：①符合国家政策和幼儿园的基本要求；②符合幼儿的年龄及身心发展特点；③符合幼儿园教育的原则；④制订的计划要全面、具体、可行性强。

（5）幼儿园班级管理计划制订的依据：①依据幼儿园的管理计划；②依据班级具体情况；③依据其他条件。

（6）幼儿园班级管理计划制订的步骤：学习文件和幼儿园整体管理计划→研究上学期工作总结→共同讨论计划内容→撰写工作计划。

（7）幼儿园班级管理计划的内容：包括班级基本情况分析、本学期工作的主要目标、具体要求和措施、时间进度安排。

（8）幼儿园班级管理的组织与实施含义：幼儿园班级管理的组织是指幼儿园教师将班级中的人、财、物、时间、空间等因素进行合理安排，使它们成为一个系统性、协调性的整体，以便实现计划中的预定目标。实施则是指将之付诸实践。

（9）影响幼儿园班级管理的组织与实施的因素：内部因素是指班级内部人、财、物、时间、空间等因素，外在因素包括幼儿园因素、家庭的因素及社区因素。

（10）幼儿园班级管理的组织与实施的具体实施：包括教师分工、幼儿分组、空间规划、时间管理、物品安排。

（11）幼儿园班级管理的检查与调整含义：指对已制订计划的验证，是对组织与实施过程中出现的问题进行的及时调整。

（12）幼儿园班级管理的检查与调整的内容：包括班级管理计划和组织实施班级管理过程两个方面。

（13）幼儿园常用的检查方式：园领导检查、保教主任检查、教师自查、互查、负责人检查等。形式有表格式检查表、谈话、汇报、问卷、会议等多种。

（14）幼儿园班级管理的检查与调整应注意的问题：①要有目的、有计划地进行检查；②要实事求是，避免流于形式；③坚持检查与指导相结合。

（15）幼儿园班级管理的总结的内容：包括任务完成情况、班级保教工作情况、班级教师的工作态度和协作精神、班级管理工作目前存在的优势和不足，提出改进措施。

（16）幼儿园班级管理总结的注意事项：①总结要重点突出；②要对照计划进行总结；③要注重平时资料的收集。

（17）幼儿园班级管理评价的内容：对保教工作的评价、对班级教师工作的评价、对幼儿发展的评价、其他方面的评价。

（18）幼儿园班级管理评价的方法：自我评价法和他人评价法、量化评价法和非量化评价法。

实训内容

（1）请参考表 2-2，选择幼儿园的一个班级，尝试设计一份幼儿园班级管理计划。

（2）结合你实习所在的幼儿园班级实际情况，观察该班级管理过程是否体现四个环节，分析该班级管理过程的合理性，并给出改进意见。

同步练习

（1）简述幼儿园班级管理过程的四个环节及其联系。

（2）幼儿园班级管理制订计划步骤是什么？有哪些基本要求？

（3）如何组织与实施幼儿园班级管理过程？

（4）幼儿园班级管理的检查与调整的注意事项有哪些？

（5）幼儿园总结与评价的内容有哪些？如何进行评价？

第三章
幼儿园班级管理的内容

学习目标

- 了解幼儿园班级管理的核心要素。
- 掌握幼儿园班级核心要素管理的内涵和方法。
- 明确幼儿园班级教师一日生活中的具体分工。

任务导入

- 结合所学的理论知识,思考如何真正做到教师和保育员在工作中"三位一体"。
- 班级管理中各要素对幼儿的发展将产生怎样的影响?
- 结合所学理论和实际情况,分析幼儿园班级环境创设的优缺点。

幼儿园班级管理的内容涉及幼儿园班级管理的方方面面,本章主要是从管理的复杂成分中筛选出人、财、物、信息、时间、空间六大要素。几乎所有的系统管理也都包含这六大基本要素,管理的效率和质量主要取决于对这六大要素的处理,幼儿园班级管理也不例外。

第一节　幼儿园班级中的教师管理和幼儿管理

人是管理系统的第一要素,在幼儿园班级人员管理系统中,管理对象主要指班级保教人员(教师管理)和幼儿管理。只有在做好班级人员管理的基础上,充分了解和把握各种管理要素,合理使用与协调要素资源,才能达到人尽其才、物尽其用,更好地发挥各项资源服务于幼儿发展的管理效能,从而实现班级管理的各项目标,这也是班级全面管理的必要前提和基础。

一、教师管理

(一)《幼儿园工作规程》对幼儿园班级教师的职责规定

2016 年颁布的《幼儿园工作规程》中明确规定了幼儿教师与保育员的主要职责。

1. 幼儿教师主要职责

第四十一条　幼儿园教师必须具有《教师资格条例》规定的幼儿园教师资格，并符合本规程第三十九条规定。幼儿园教师实行聘任制。

幼儿园教师对本班工作全面负责，其主要职责如下。

（1）观察了解幼儿，依据国家有关规定，结合本班幼儿的发展水平和兴趣需要，制订和执行教育工作计划，合理安排幼儿一日生活。

（2）创设良好的教育环境，合理组织教育内容，提供丰富的玩具和游戏材料，开展适宜的教育活动。

（3）严格执行幼儿园安全、卫生保健制度，指导并配合保育员管理本班幼儿生活，做好卫生保健工作。

（4）与家长保持经常联系，了解幼儿家庭的教育环境，商讨符合幼儿特点的教育措施，相互配合共同完成教育任务。

（5）参加业务学习和保育教育研究活动。

（6）定期总结评估保教工作实效，接受园长的指导和检查。

2. 保育员主要职责

第四十二条　幼儿园保育员应当符合本规程第三十九条规定，并应当具备高中毕业以上学历，受过幼儿保育职业培训。

幼儿园保育员的主要职责如下。

（1）负责本班房舍、设备、环境的清洁卫生和消毒工作。

（2）在教师指导下，科学照料和管理幼儿生活，并配合本班教师组织教育活动。

（3）在卫生保健人员和本班教师指导下，严格执行幼儿园安全、卫生保健制度。

（4）妥善保管幼儿衣物和本班的设备、用具。①

幼儿园保育教师要负责是什么？

按照现行幼儿园"两教一保"的班级模式，无论主班教师、配班教师还是保育员，都应该协调一致，积极参与到班级管理中，做到"三位一体"，共同承担对幼儿实施保育和教育、为家长工作和学习提供便利条件的双重任务，使保中有教，教中有保，促进幼儿全面健康发展。

（二）幼儿园班级教师配备原则

为促进幼儿园教师队伍建设，确保幼儿接受基本的、有质量的学前教育。2013年1月下旬，教育部印发《幼儿园教职工配备标准（暂行）》，提出幼儿园应当按照服务类型、教职工与幼儿以及保教人员与幼儿的一定比例配备教职工，具体配备情况如表3-1所示。

① 中华人民共和国教育部. 2016版《幼儿园工作规程》：附《幼儿园工作规程》新旧对照[M]. 北京：首都师范大学出版社，2016.

表 3-1 幼儿园班级规模及专任教师和保育员配备标准

年龄班	班级规模/人	全日制		半日制	
		专任教师/人	保育员/人	专任教师/人	保育员/人
小班(3～4 岁)	20～25	2	1	2	有条件的应配备 1 名保育员
中班(4～5 岁)	25～30	2	1	2	
大班(5～6 岁)	30～35	2	1	2	
混龄班	<30	2	1	2～3	

班级是幼儿园最基层的组织,班级功能的发挥直接影响着幼儿的成长,班级功能能否完全发挥出来,关键在于教师。幼儿园班级教师配备得合理,班级的保教任务就容易落实,工作也易安排;否则,不但班级保教任务难以落实,还可能会影响幼儿园的整体工作。

1. 整体互补原则

合理搭配幼儿园班级工作人员,使之在专业、能力、性格、年龄和经验等各方面相互补充,构成一种最佳组织的原则。在现代社会中,许多工作都需要众多知识、技能的共同攻关,而这并不是一个人或一种人就能胜任的。事实证明,如果将各种人员搭配适当,就会产生最佳效能,形成新的力量,这种力量的合力远远优于个人力量的总和。每个人都有自己的优势和劣势,若能够科学合理地搭配,就可以最大限度地发挥个人的优势或最大限度地弥补个人的劣势。

(1)专业方面的互补

在幼儿园里,大部分教师都对自己专业理论的把握及侧重面有所不同,有的教师擅长五大领域的教法课,有的教师擅长组织开展各类游戏活动;她们在专业技能方面也存在着一定的差异,有的教师舞蹈强,有的教师手工强,有的教师环创强等。所以,在教师配备时应该考虑她们专业方面的互补性。

(2)能力方面的互补

每一个教师都应该具备全面的职业素养,即思想素养、知识素养、能力素养、心理素养和身体素养。幼儿教师能力的素养主要有:观察和了解儿童的能力、设计教育活动的能力、组织管理能力、对幼儿进行行为辅导的能力、语言表达与沟通的能力、独立思维与创造的能力、适应新情境的能力、及时转变角色的能力、反思能力等。但是由于受各种因素的影响,每个人能力的发展总是处于不平衡的状态。有的教师组织管理能力或反思能力强,有的教师观察能力或语言表达能力强。如果将几位组织管理能力差的教师安排在一个班,那么,班级纪律或幼儿行为习惯养成等方面可能会存在很大问题。如果将几位语言表达能力较差的教师安排在一个班,班级幼儿语言方面的发展就会受到影响。

每个人能力的提高都不是一朝一夕的,幼儿期是人一生中发展的最关键的时期,是不容忽视的。如果通过管理手段,将具有不同能力的人组合起来,就可以克服由于教师自身的原因为教育带来的不利影响,这样既可以做到优势互补,又可以使教师间相互影响促进。

(3)性格方面的互补

性格是指人的较稳定的态度与习惯化了的行为方式相结合而形成的人格特征,它常常潜意识地支配人的行为。荣格将性格分为内向型和外向型。如果将性格内向的教师配备到一个班级,整个班级氛围将会偏向于安静型或不善交际。所以,尽量做到内外型性格兼并为佳。

（4）年龄和经验方面的互补

年轻教师有朝气,易接受新鲜事物,同时也能够带给小朋友新颖感,注入一些新的活力和新的思想;但缺少经验,考虑问题不够全面,尤其对于应急事件的处理能力较为欠缺。经验丰富的教师,往往做事稳重,考虑周全;但有时思想较传统,不易接受新的观点和新的思想。如果将年轻教师和经验丰富的老教师结合起来,就能促使她们充分发挥出各自的优势,弥补劣势。

2. 适度原则

人员的配备要与其工作岗位相适应。所配备人员的能力与岗位所需要的能力不能相差太大,以免造成人员心理上的不平衡,使他/她难以专心工作。每一种职业、每一个岗位由于其工作性质、环境、条件、方式的不同,对工作者的能力、知识、性格、气质、心理素质等有不同的要求。进行教师配备时,就需根据一个人的个性特征来选择与之相对应的职业或岗位,做到人职匹配。

3. 差距适当原则

即要遵循优势互补原则,同一个班的教师能力相差不能太大,否则配合起来较困难。班级教师的配备应该主要考虑整体效益。

（三）幼儿园班级教师的明确分工

班级是实施保教任务的基本单位,每个班级的一日生活都是由主、配班教师和保育员直接负责。幼儿园的一日活动包括幼儿入园、生活活动、户外游戏活动、教育活动、区域游戏活动、户外活动、离园活动等,幼儿园各班级要想把这些琐碎、零散的班级工作做好,就需幼儿教师之间、幼儿教师与保育员之间做到分工合作、互相配合。这样不仅直接关系到班级管理的好坏,还将影响幼儿的认知、情感、态度、行为等各方面的发展。

目前,全日制幼儿园中每个班级的保教人员配备的人数大多为两名教师和一名保育员。两名教师可以自己协商或在园长的指导下确定一人为班级负责人（即主班教师）,另一名则为配班教师,他们3人各自的分工细则如表 3-2 所示。

表 3-2　一日活动中幼儿班级保教人员的工作细则

活动环节	主班教师	配班教师	保育员
教师入园	班级区角物品、玩教具等物品的收整	配合主班教师准备幼儿进班前的物品	开窗通风,保持空气流通;室内清洁做到"六净":地面、桌椅、门窗、玩具柜、口杯架、毛巾架,保持整洁
幼儿入园及早餐	在大门口热情接待家长和幼儿,并注意观察幼儿的身心状态,与家长进行交流	在大门口配合主班教师迎接家长和幼儿,并将幼儿送到班级门口	督促幼儿洗手,进行分餐如厕,并给幼儿分发餐,打开轻音乐,引导幼儿安静有序进餐,不讲话,督促幼儿餐后漱口擦嘴

续表

活动环节	主班教师	配班教师	保育员
餐后活动	组织餐后的幼儿进行游戏	督促没有吃完早餐的幼儿进餐并进行漱口擦嘴	洗碗、还餐具,向保健室报出勤情况;领取加餐
户外游戏前准备	分组如厕、洗手	在门口组织幼儿进行排队	整理班级桌面地面卫生
户外游戏	检查户外活动场地的安全,摆放游戏通道;鼓励和指导幼儿高质量地参与游戏活动	讲解游戏规则,组织幼儿进行热身和放松;同时,配合主班教师组织游戏,帮助需要帮助的幼儿	帮助个别幼儿参与活动,处理活动中的偶发事件,观察幼儿出汗情况,活动过程中协助教师指导和帮助幼儿,收整场地,检查器械,结束后的收拾、整理工作
喝水加餐	组织幼儿班级门口穿脱衣物,进班盥洗,准备加餐环节	引导幼儿分批如厕、洗手排队接水;吃完点心洗手并擦干净;将椅子放至开餐前准备位置	提醒幼儿正确取水,按需饮水;按组按量发放点心;提醒值日生做好餐后收整活动
教育活动	在活动室内,面向幼儿组织教育活动,根据不同的教育内容,灵活地运用集体活动	配合主班教师开展教育活动,坐到幼儿后面,做好教学具的准备工作	关心幼儿上课的坐姿,管理幼儿的常规,协助幼儿教师教学活动顺利开展;关心个别要上厕所的幼儿
餐前活动	组织饭前过渡活动(手指游戏、眼保健操、感恩词)	餐前进行分桌如厕、盥洗活动;播放轻音乐,营造安静愉悦的氛围	依次用清水、消毒液、清水擦桌子;餐具准备、报餐、打餐、分餐
午餐	为幼儿营造愉悦的进餐环境,处理突发事件及特殊情况;并指导幼儿用餐,帮助遇到困难的幼儿	督促幼儿分组安静进餐;保持桌面地面卫生;配合指导有需要的幼儿,照顾主班教师不易照顾到的幼儿	保证食物温度适中,避免食物过烫、过冷;分盘进餐,做到随到随分、随吃随分;督促幼儿餐后漱口;帮助个别幼儿添饭
餐后活动	组织幼儿有序进行室内游戏	协助保育教师清扫班级卫生;幼儿睡觉床铺安排	洗碗、班级卫生清扫;消毒柜餐具消毒
午睡	组织幼儿睡前分批如厕、洗手;脱衣裤和鞋子,摆放整齐;引导幼儿主动找配班教师进行午检;衣着适当,睡姿正确	分批组织幼儿进行午检,检查幼儿的嘴巴、手以及口袋是否有异物;每隔15分钟巡视午睡情况,纠正幼儿的睡姿,检查幼儿的被褥是否盖好	随时保持通风及卫生清洁
起床、盥洗、午点、喝水	分批组织幼儿起床,组织幼儿穿好并检查衣着,观察幼儿精神状态;分批组织幼儿喝水	女生梳头,处理突发情况	幼儿起床前,做好午点准备;幼儿起床时,协助幼儿穿好衣物;指导幼儿正确整理床铺和盥洗

续表

活动环节	主班教师	配班教师	保育员
户外活动	组织幼儿集合整队,调整幼儿离散的活动状态,做好户外活动准备	在幼儿队伍末尾,照顾后面行动慢的幼儿,协助幼儿穿衣服,带户外器械	帮助个别幼儿参与活动,处理活动中的偶发事件,观察幼儿出汗情况,活动过程中协助教师指导和帮助幼儿,收整场地,检查器械,结束后的收拾、整理工作
区域游戏活动	组织和指导幼儿区域游戏;为幼儿区域活动准备丰富的游戏材料,观察并适时介入指导	配合主班教师指导幼儿区域游戏;配合主班教师准备区域游戏材料,配合指导有需要的幼儿	活动过程中协助教师指导和帮助幼儿,收整场地,检查区域游戏材料,结束后的收拾、整理工作
离园晚检	组织幼儿分批次上厕所解便洗手	协助主班教师做好晚检活动	检查幼儿衣物是否穿戴整齐,是否需要更换衣物
幼儿离园	站在队伍最前面,大门口凭接送卡交接幼儿,与家长进行简单交流幼儿在园情况	配合主班教师做好与家长的交接工作;组织还没有被接的幼儿进行游戏,幼儿离园时提醒幼儿带好物品	幼儿离园后及时清除垃圾;关好门、窗、水、电;离园后开启消毒灯

二、 幼儿管理

班级是幼儿最具体的生活场所,整个幼儿园的工作都是通过各个班级的工作来实现的,对幼儿的发展具有最直接的影响。在班级管理中需要充分发挥出幼儿的主观能动性,鼓励幼儿积极参与到班级管理中来。幼儿是班级的主体,也是管理的主体,班级幼儿的管理是班级管理的核心部分。

(一)幼儿分班及班级人数

不同幼儿的年龄班有不同的生活、学习和身心发展特点,需要教师投入的工作量也存在明显差异。因此,幼儿园不同年龄班的幼儿人数不同。《规程》中明确指出:"幼儿园规模应当有利于幼儿身心健康,便于管理,一般不超过360人。幼儿园每班幼儿人数一般为:小班(3~4周岁)25人,中班(4~5周岁)30人,大班(5~6周岁)35人,混合班30人。寄宿制幼儿园每班幼儿人数酌减。幼儿园可以按年龄分别编班,也可以混合编班。"[1]

(二)幼儿园班级的性别比例

幼儿园应根据招收入园幼儿的总体性别比例来确定班级性别比例。一般来说,每班

---

[1] 中华人民共和国教育部.2016版《幼儿园工作规程》:附《幼儿园工作规程》新旧对照[M].北京:首都师范大学出版社,2016.

幼儿男女性别比例要大致相当。合理的性别结构对于幼儿的健康发展,对于班级各项活动开展都是至关重要的。

(三) 幼儿分组

幼儿园可根据活动室的空间、桌子的大小和班级幼儿的人数进行分组,一般以 6 人一组或以 8 人一组为宜,活动室宽敞的幼儿园,也可 4 人一组,分组时要做到以下几点。

1. 合理搭配,优势互补

首先是男女性别搭配。心理学研究表明,男孩在数的推理和空间判断方面,女孩在言语流畅和机械记忆方面各有优势。其次是能力强弱搭配。幼儿爱模仿,每组应适当地配上一两个能力强、领悟快的幼儿。在他们的带领下,其他幼儿也能很快领会教师的意图并作出反应,也能够对能力弱的幼儿起到积极的影响。最后是高矮搭配。主要是考虑幼儿身高差异,方便坐在后面的幼儿与教师交流。从实践经验来看,面向教师坐的幼儿由前往后,身高逐渐递增的方法更为合理些。

2. 增设组长,自我管理

在适当的时候(中班以后或小班特殊需要时)可设小组长一名,小组长的作用是帮助教师管理小组成员,如帮助教师督促小组成员收拾学具和操作材料等。幼儿在教师和小组长的带领下,逐渐学会自己管理自己的物品。小组长刚设立时,可以由教师指定。当每个幼儿基本熟悉了小组长的工作内容后,可以由小组成员轮流担任。从平等对待每个孩子以及促进每个孩子在原有基础上都得到发展的角度看,组长轮换更有利于促进幼儿的发展。[①]

(四) 树立"幼儿为本"的管理理念

幼儿园教育是我国基础教育的重要组成部分,可以为幼儿后继学习和终身发展奠定良好的素质基础。幼儿园是幼儿生活和学习的主要场所,在幼儿园班级管理中,教师一定要秉承以"幼儿为本"的管理理念,一切为了幼儿发展,尊重幼儿的身心发展需要,了解各年龄阶段幼儿的学习和发展目标,保教结合,制订阶段性的教育活动计划和具体活动方案,创设良好的教育环境,提供符合兴趣与需要的游戏,才能更好地促进幼儿德智体美等的方面协调发展,帮助幼儿度过快乐而有意义的童年。

班级常规是幼儿在园一日生活的各种活动应该遵守的基本行为规范。在幼儿班级常规的建立中,教师可以鼓励幼儿之间相互监督,相互帮助,使每个幼儿都积极参与到班级管理中,真正发挥幼儿班级中的主体性和幼儿个体的主观能动性,从而实现班级幼儿管理从"他律"到"自律"。

不同年龄班班级管理的目标是不同的,相同年龄班班级管理的目标也可能会存在同中有异,因为成长的环境和家庭教育的差异等方面的因素,会导致同一年龄班幼儿在发展

① 王劲松,蔡迎旗. 幼儿园班级管理[M]. 北京:北京师范大学出版社,2013.

水平、生活习惯等方面存在差异。《幼儿园教师专业标准（试行）》中明确规定幼儿教师需"掌握不同年龄幼儿身心发展特点、规律和促进幼儿全面发展的策略与方法；了解幼儿在发展水平、速度与优势领域等方面的个体差异，掌握对应的策略与方法；了解幼儿发展中容易出现的问题与适宜的对策；了解有特殊需要幼儿的身心发展特点及教育策略与方法"。[①]　所以，幼儿教师需要了解和掌握不同年龄幼儿的发展特点和发展水平，并根据不同年龄幼儿的特点制定各个班级管理目标，确定各个班级工作重点，制订详细计划并实施（幼儿园各年龄班的班级管理详见第六章）。

新学期，十个班级管理技巧助你做好开园准备！

第二节　幼儿园班级财务、物品、信息管理

一、幼儿园班级财务管理

幼儿园要把有限的资金进行合理使用，使其发挥最大的效力，保证幼儿园的正常运转和发展，其具体管理工作主要是财务管理。幼儿园班级财务管理是幼儿园财务管理的重要组成部分。

（一）班级财务管理的内涵

目前，我国幼儿园财务管理是由园长统一筹划管理，班级教师对财务的管理主要体现在幼儿园总经费统筹规划下，班级教师对所拨的班级经费进行预算、使用与结算的管理过程。例如，用于班级教学活动、环境布置、文娱活动或节日庆典等大型活动时班级所需的活动用品费用。班级教师应在有利于保教工作的前提下，合理有效地发挥班级财务管理的作用，积极协助幼儿园做好整体的财务管理工作，做到物尽其用，开源节流。

（二）班级财务管理的具体方法

1. 完善制度，按章办事

班级教师应根据幼儿园的财务管理制度，制定本班的财务管理制度，严格遵守并执行班级财务管理制度，这也是做好财务管理工作的关键。做好专门的财务管理记录，将幼儿园划拨的班级经费的使用记录在册，做到一切有账目、一切有依据。财务管理制度既要严格，又要合理；既要相对稳定，又要能够根据实际情况进行必要的增删调整，从而使班级财务制度更加完善，运作更加科学。

2. 编制预算，留有余地

班级财务预算是指幼儿班级负责人根据发展计划和任务对本班编制的年度财务收支计划，是幼儿班级各项计划的具体量化。《规程》中明确指出："幼儿园不得以培养幼儿某种专项技能、组织或参与竞赛等为由，另外收取费用；不得以营利为目的组织幼儿表演、竞

① 教育部教师工作司.《幼儿园教师专业标准（试行）》解读[M].北京:北京师范大学出版社,2013.

赛等活动"。① 为此,在编制经费预算时,应充分剖析现实情况和每学年或每学期将会面临的费用情况,分清主次轻重,合理安排各种费用,保障幼儿在园的生活及教育教学活动的顺利进行。预算要留有余地,可以兼顾到计划外特殊情况的需要,同时,积极与本班其他保教人员、"家委会"等做好协商,灵活合理地做好经费预算,中途不得以任何理由随意收费。

3. 经济公开,民主管理

幼儿班级负责人在安排和使用经费时,应将有关经费使用的政策、标准予以说明。幼儿园班级中的一些较重大开支的决策或变动,要充分听取本班其他保教人员的意见并发动班级教师积极参与。班级教师在执行财务管理制度时应严格管理、明细账目、公开透明、相互监督,同时也要接受园方的财务监督,真正做到民主管理、民主监管,保证经费安排得当,使用合理。

二、 幼儿园班级物品管理

班级物品的有序、合理摆放,在一定程度上美化了班级的环境,给幼儿提供了一个温馨和谐、整齐有序的环境氛围,不仅有助于教育活动的顺利开展,还有助于幼儿良好行为习惯的养成,对幼儿的安全便于管理。

(一) 班级物品管理的内涵

班级物品管理是指幼儿教师根据班级教育活动目标,结合班级具体情况,对幼儿园班级空间内所有的物品进行规划设计,合理配置,优化调整,为幼儿创设良好物质环境的动态管理过程。幼儿园班级空间内所有的物品,主要包括教师教学设备(教具、钢琴、电视机、投影仪等),幼儿学习物品(玩具、学具、课桌椅、图书、游戏材料等),幼儿生活用品(床、被褥、水杯、毛巾等)。

(二) 班级物品管理的方法

1. 民主分工,共同管理

幼儿教师主要负责班级教学用品和幼儿学习、游戏等活动用品的管理;保育员主要负责班级公共卫生用品和幼儿个人生活用品的管理。在实际生活中,班级物品的使用在时间与空间上很难做出严格的划分,所以班级人员一定要相互协作,共同管理。班级物品管理涉及班级中的每一成员,除保教人员外,幼儿也是班级管理的主体,尤其对中班、大班幼儿,教师要注意激发幼儿参与班级物品管理的积极性和主动性,激发幼儿班级责任感,培养幼儿的秩序感与生活自理能力,养成物归原处的良好习惯。幼儿对物品分门别类的管理,也可以提升幼儿对实物概念的初步掌握,真正发挥物品管理服务教育教学的实效性。

---

① 中华人民共和国教育部 .2016 版《幼儿园工作规程》:附《幼儿园工作规程》新旧对照[M]. 北京:首都师范大学出版社,2016.

2. 合理放置，妥善管理

幼儿园班级内的所有物品都不得随意摆放，应分类、有序放置。对班级物品的管理要建立物品登记表(表3-3)，有专门的负责人，随时记录班级物品在日常教育活动中使用及损坏情况，以便及时修理与补充，提高物品管理效率，更好地服务教育教学活动。合理放置班级物品，还有助于为幼儿创设更多的活动空间和减少幼儿活动时的安全隐患。

表 3-3   物品登记表

物品类别	物品名称	物品数量	型号	责任人	备注
教学设备					
学习用品					
生活用品					

3. 服务幼儿，科学管理

《规程》中明确指出："幼儿园应当配备适合幼儿特点的桌椅、玩具架、盥洗卫生用具，以及必要的玩教具、图书和乐器等。玩教具应当具有教育意义并符合安全、卫生要求。幼儿园应当因地制宜，就地取材，自制玩教具。"幼儿园保教人员对班级物品的管理需从幼儿的实际出发，如根据幼儿的身高不同，配置玩具架、桌椅、板凳等班级物品，物品摆放的位置和高度也要恰到好处，便于幼儿取放和收纳。班级物品要实用，绝不能仅仅为了教室环境的美观而忽略了物品管理的初衷；还要具有安全性，如自制玩具材料的选择要卫生、环保、无棱角等，并易于消毒或清洁；物品数量也要充足，应能够满足班级幼儿使用和操作的需要。

三、 幼儿园班级信息管理

班级信息的管理有助于为幼儿园的发展提供原始的、丰富的宝贵资料，是幼儿园信息管理的不可缺失的组成部分。班级的信息搜集是否齐全，更新是否及时，沟通是否顺畅，能否为班级决策提供有效依据，将直接影响着班级管理的效果。

(一)班级信息管理的内涵

幼儿园班级信息管理主要是教师对班级信息的搜集、整理、存储和使用等的管理活动，它是伴随教育活动过程而进行的，是幼儿个人成长过程的记录，也是翔实记录班级保教活动的过程，包括班级幼儿信息管理、班级教育信息管理以及班级日志管理。

（二）班级信息管理的具体内容

1. 幼儿信息管理

幼儿信息管理，也称幼儿档案管理，是对幼儿成长信息的记录和管理。它既是班级信息管理的核心部分，也是幼儿园档案管理的重要部分。幼儿信息管理包括幼儿学籍档案管理、幼儿成长档案管理、幼儿健康档案管理、幼儿家长的相关信息管理等。

（1）幼儿学籍档案管理

幼儿学籍档案管理主要是指幼儿从入园到毕业离园期间的幼儿学籍管理工作，主要分为学籍的增加、学籍的删除、学籍的查询、学籍的修改等方面。幼儿学籍档案主要记录：幼儿的入学年月、姓名、性别、出生年月、年龄、住址、家庭成员以及家长的联系方式等基本信息。学籍档案作为教师了解幼儿的第一手资料，应尽量详尽地记录幼儿的整体情况，尤其是幼儿家庭及家庭成员的情况，以保证真实有效地反映幼儿成长的状态。

（2）幼儿成长档案管理

幼儿成长档案管理就是对幼儿成长过程中各项记录的管理，主要记录幼儿成长过程中的兴趣爱好、态度形成以及在特定领域所取得的努力、进步与成就等。成长档案包括：幼儿生长发育、智力发展、操作能力发展、语言发展、认知发展及艺术活动发展等方面；教师对幼儿在园生活与学习的记录与评价；家长对幼儿在家庭中的行为趣事的记载；幼儿自己对各种作品的收藏、活动记录等。幼儿成长档案不仅为教师了解幼儿提供了及时有效的信息，还可帮助教师反思与提升自身教育行为与经验，也为家园合作搭建了一个全新的平台。

（3）幼儿健康档案管理

幼儿健康档案管理是指对幼儿身体各方面的生长发育情况信息记录的统计与管理。其来源主要是幼儿园对幼儿进行的定期或不定期的身体健康状况测查以及上一级的幼儿卫生健康主管部门对该园幼儿进行的健康状况的测查。主要包括幼儿的身体生长发育情况（身高、坐高、体重、视力、头围、胸围等）、各种疾病记录、各种过敏史、预防接种情况等。班级教师为幼儿准备健康档案，以便随时了解幼儿身体健康情况，及时关注和护理特殊体质的幼儿，有效应对幼儿突发的身体状况，能够预防与控制疾病的发生。

（4）幼儿家长的相关信息管理

幼儿家长的相关信息管理主要是记录幼儿家长姓名、工作性质、联系方式、特长等基本信息，最主要的是要收集管理家长的教育观念、家庭的教育氛围。值得注意的是，家长信息的管理主要是为了幼儿发展的需要，切不可收集与幼儿教育无关的个人信息，对所掌握的家长信息，一定要注意保密，不能随意泄露家长个人信息。家长信息管理是家园合作的重要内容之一，教师通过家长信息可以更好地与家长探讨幼儿教育问题，对缺乏科学教育理念的家长给予针对性的指导，以发挥家园的合力，帮助幼儿发展。

2. 班级教育信息管理

班级教育信息管理主要是指针对班级在教育教学过程中形成的具有参考价值和保存价值信息的收集、记录和整理。包括每个学期的学期教育计划、月计划、周计划、教学效果情况及教学反思；班级重大活动、班级参加全园性庆祝活动、班级亲子活动、班级获得的荣誉证书等具有参考价值和保存价值的信息。班级教育信息的管理为教师提升教育教学能力与专业水平提供了重要的借鉴资料,保证了更高效教育活动的组织与开展,也为班级教育活动评估和以后活动的开展提供了依据和参考。

3. 班级日志管理

班级日志一般每天由带班教师记录,主要记录的信息有班级、时间、主班教师、配班教师、保育员、幼儿出勤数、幼儿健康状况、大小便情况及每天的突发事件等。对于班级日志的管理,需要带班教师每天如实记录班级一日活动中发生的情况,这样既便于教师之间的沟通,又便于幼儿园领导了解班级情况。

第三节 幼儿园班级时间管理和空间管理

一、幼儿园班级时间管理

(一)班级时间管理的内涵

时间管理是指通过事先规划和运用一定的技巧、方法和工具科学、有效、合理地对时间加以灵活安排,从而实现个人或组织的既定目标,并产生最大效益。幼儿园班级时间管理,即为在预定时间内高效高质量地完成保育和教育任务,其目标应定位于在服从幼儿园整体作息制度规定的时间内,提高保教工作的效率和质量。幼儿在园的任何活动都是在一定的时间内延续,班级一日生活作息、日教学计划及学年教学计划的制订与实施、游戏活动的组织与实施等都与时间息息相关,因此,班级时间管理十分重要,它不但有助于教师的自我时间管理,更有助于培养幼儿良好的时间观念和习惯养成,也能保证教师在单位时间内有效完成保教活动。[1]

(二)班级时间管理的具体方法

1. 科学地安排幼儿的一日活动

科学地安排幼儿的一日活动,可以保证幼儿在有限的时间内掌握和学习对他们发展最重要的事情。《纲要》中明确指出:"科学、合理地安排和组织一日生活。时间安排应有相对的稳定性与灵活性,既有利于形成秩序,又能满足幼儿的合理需要,照顾到个体差异。"[2]所以,幼儿园应当制定科学合理的幼儿一日生活作息制度,这也是保教人员管理时间的重要环节。

做好时间管理需解决三个问题:什么时间? 做什么? 怎么做? 一日活动时间的管理应注意保教结合、幼儿生活的规律、保证自由活动时间、动静的时间交替性,以保证幼儿在有效时间内有效地完成该阶段应该完成的教育教学目标,绝不能在时间的安排中出现"只保不教""重教轻保""只静无动"或"只动无静"等,这样将会严重损伤幼儿学习的积极性,

① 侯娟珍. 幼儿园班级管理[M]. 北京:北京师范大学出版社,2016.
② 中华人民共和国教育部. 幼儿园教育指导纲要(试行)[M]. 北京:北京师范大学出版社,2001.

使他们产生厌学的情绪,背离教育的本质。

2. 教师要科学地安排自己的时间

教师要科学地安排自己的时间,将自己每天的时间分成工作时间、生活时间、学习时间等,并处理好各部分之间的关系,借助共同的目标将它们统一起来而非对立。另外,将近期的工作做一个计划表,将要做的事情用表格的形式列出来,这是一种较为有效的方法。教师做事情时要依事情的重要程度,排出先后顺序,并设定所需时间与完成日期,这样就能按顺序完成进度,同时也能有效地利用时间提高工作效率。

二、 幼儿园班级空间管理

(一)班级空间管理的内涵

幼儿园班级空间主要指班级室内空间(活动室、寝室、盥洗间、活动区、走廊等)和班级室外空间(户外活动场所等),可供幼儿生活和学习活动的空间,也是幼儿在园的主要活动场所。通过班级空间的管理,一方面,可使班级在有限的空间内发挥其更大的作用,促使幼儿有效地学习和舒适地生活。另一方面,可充分发挥空间的教育作用,"让空间说话",与幼儿互动。《规程》中明确指出:"幼儿园应当将环境作为重要的教育资源,合理利用室内外环境,创设开放的、多样的区域活动空间,提供适合幼儿年龄特点的玩教具、操作材料和幼儿读物等,支持幼儿自主选择和主动学习,激发幼儿学习的兴趣与探究的愿望。幼儿园应当营造尊重、接纳和关爱的氛围,建立良好的同伴和师生关系。"[1]有效的班级空间管理,能够合理利用室内外环境,从物质和精神两方面为幼儿提供良好的生活和学习环境,满足幼儿在与环境相互作用中成长的需要。

(二)班级空间管理的具体措施

1. 班级物质空间的管理

物质空间是指可见的、有形的环境,班级物质空间的管理主要指对班级室内外环境进行合理的布局、创设与管理。

(1)班级室内物质空间的创设和利用

班级室内空间是幼儿一天活动最主要的场所,也是班级空间管理较为重要的一部分。应为幼儿提供宽敞明亮、较大的活动空间。尽量将活动室进行小型分隔,根据各种活动的性质和功能对活动室进行区域划分。当前幼儿园班级的活动区主要有建造区、阅读区、娃娃家、美工区、表演区、自然区等,区域划分要兼具稳定性与灵活性,内容要丰富充实、整齐有序,尽可能满足幼儿自行选择进行区域活动的各种要求。

活动室墙面装饰要繁而不乱、灵活可变;富有童趣化、艺术化;具有可操作空间,随时对布置的墙面材料进行拆除、移动或更换;根据幼儿身高进行设计,1米以下的墙面,以幼儿装饰为主,1米以上的墙面,由师幼共同完成。天花板可设置便于悬挂玩具的移动

① 中华人民共和国教育部.2016版《幼儿园工作规程》:附《幼儿园工作规程》新旧对照[M].北京:首都师范大学出版社,2016.

装置。

寝室空间应根据睡室面积大小和班级幼儿人数,最好把每个幼儿安排在固定床位,便于清点人数,也便于幼儿衣服等物品的管理。床上用品要经常清洗,保证空气清新和环境的卫生。寝室空间的创设应以淡雅为主,为幼儿创造一个舒适的睡眠空间,以利于幼儿更快更好地入睡。

盥洗间装饰应简洁卫生,可用图示或图画标出毛巾区、洗手区等位置,在墙面上粘贴正确洗手的流程、正确如厕和节约用水的标志,在地面上粘贴小脚丫,通过环境的布置让幼儿知道在盥洗室不打闹,有秩序地用正确的方法如厕、盥洗。

班级走廊一般处于班级活动室门前的一部分,走廊空间的开放性较强,是家长接送幼儿的必经之地。所以,走廊可作为家园合作互动、幼儿作品展示区,以便于为家长传递科学育儿知识,了解幼儿在园学习生活情况,获得幼儿园和班级的最新动态等信息,使班级走廊成为家园合作的重要平台。

(2)班级室外物质空间的创设和利用

幼儿园班级室外物质空间大都是与其他班级共同使用的公共场地,幼儿教师要根据季节、天气的变化来选择适合的时间和适合的室外活动场地供幼儿进行活动。

2. 班级精神空间的管理

精神环境是一种无形的环境,班级精神环境主要是在班级中教师与幼儿、幼儿与幼儿、教师与教师、教师与家长之间的交往关系形成的。《幼儿园教师专业标准(试行)》中明确指出:"建立良好的师幼关系,帮助幼儿建立良好的同伴关系,让幼儿感到温暖和愉悦。建立班级秩序与规则,营造良好的班级氛围,让幼儿感受到安全、舒适。创设有助于促进幼儿成长、学习、游戏的教育环境。"[①]所以,为幼儿创设良好的物质环境后,更应该为幼儿创设民主平等的师幼关系、友爱互助的同伴关系、和谐融洽的同事关系、平等尊重的家园关系以及提供温馨、和谐、积极向上的精神环境,以促进幼儿的全面发展。

✦ 本章小结

本章主要介绍了幼儿园班级管理的核心要素(人、财、物、信息、时间、空间)以及各个核心要素管理的内涵和具体方法。了解和掌握幼儿园班级管理的基础知识是本章学习的基本要求。运用所学理论联系现今幼教实际,能够辩证地思考问题,并能合理科学地运用这些理论知识处理幼教中的各种管理问题。

实训内容

(1)在幼儿园见习时,实践与训练一日活动中幼儿班级保教人员的具体工作。

(2)学生2~3人一组,根据所学理论,制订一份幼儿园一日生活流程表。

(3)小组讨论,如何将人、财、物、信息、时间、空间六大要素进行合理使用与协调,发

---

① 教育部教师工作司.《幼儿园教师专业标准(试行)》解读[M].北京:北京师范大学出版社,2013.

挥各项资源服务于幼儿发展的管理效能,从而实现班级管理的各项目标。

同步练习

(1) 简述幼儿园教师对本班工作的主要职责。

(2) 简述幼儿园班级教师配备原则。

(3) 班级物品管理的具体方法都有哪些?

(4) 如何科学地安排幼儿的一日活动?

(5) 如何树立"幼儿为本"的管理理念?

第四章
幼儿园班级一日活动管理

学习目标

- 了解幼儿园一日活动内容、各环节及组织原则。
- 掌握组织一日活动各环节的要求及指导要点。
- 了解、熟悉一日活动各环节的具体组织和实施、常见问题和解决策略。
- 了解一日常规建立的重要性、意义及如何建立。

任务导入

- 结合理论知识，组织学生到幼儿园参观了解幼儿园一日活动环节、内容并总结一日活动组织的原则、要点、注意事项。
- 对幼儿园业务园长、教师进行访谈，了解幼儿园一日活动的建立，各环节的开展及内容要求、时间安排、教师分工及环节注意事项。
- 参观大、中、小三个年龄段班级一日活动，了解不同年龄段幼儿常规建立的要求和重点。总结各年龄段一日常规建立的不同点和相同点，并写出分析报告。

《规程》指出："综合组织健康、语言、社会、科学、艺术各领域的教育内容，渗透于幼儿一日生活的各项活动中，充分发挥各种教育手段的交互作用。"由此可以看出，幼儿园班级的一日活动是实施幼儿园保育和教育的主要途径，是每天保教活动的总和，是幼儿、保教人员、家长一起参与、互动的活动过程。幼儿园一日活动不仅能够满足幼儿生长发育的需要，同时是帮助幼儿获得知识和技能、促进幼儿情感发展、形成幼儿自主和独立的有效途径。教师应该充分认识和利用一日活动各环节的教育价值，将日常活动和教育活动有机结合、科学安排、合理组织、保教合一，促使幼儿在日常的一日活动中身心和谐发展。

第一节　一日活动的内容及组织原则

幼儿园一日活动是 3～6 岁幼儿日常生活的重要组成部分，是促进幼儿社会性发展的重要形式。《规程》指出："综合组织健康、语言、社会、科学、艺术各领域的教育内容，渗透于幼儿一日生活的各项活动中，充分发挥各种教育手段的交互作用。"因此，幼儿园一日活动成为幼儿接受幼儿园教育的重要载体。《纲要》指出："幼儿园应为幼儿提供健康、丰富的生活和活动环境。满足他们多方面的发展需要,使他们在快乐的童年生活中获得有益于身心发展的经验。""快乐的童年"最真实的表现就是幼儿的具体活动和情感体验,所以,幼儿的一日活动表现是判断、衡量幼儿学习与发展状况的重要依据之一。

一、 幼儿园一日活动的概述

幼儿园一日活动就是幼儿一日之中,从入园到离园期间,所参与的一切保育和教育相结合的活动。一日活动根据幼儿活动性质的不同,可以分为教育活动、生活活动、户外活动、自由活动、入离园活动等。这些活动的内容综合在一起构成了完整的幼儿园一日活动体系。

二、 幼儿园一日活动的主要内容

按照幼儿园一日活动的基本流程,幼儿园一日活动(表 4-1)的内容包括入园、早操、集体教学、生活活动、餐点、区角与游戏、户外活动、离园活动等,可将一日活动的内容分为入离园活动、教育活动、生活活动、户外活动、自由活动五类,它们构成了幼儿园一日活动的基本环节。

除了以上五类主要活动,幼儿园一日活动中还有一个重要环节——过渡环节,它是幼儿由一个活动轻松自然、宽松有序地进入另一个活动的过程。严格来说,过渡环节并不属于一个活动环节,但是如果缺少它,幼儿园的一日生活就犹如一根珍珠项链断了线,一日活动的整体效果和价值也会大打折扣。

表 4-1 幼儿园一日活动

入离园活动	晨间接待	幼儿从家庭到幼儿园、从幼儿园和家庭的转换环节。良好的入离园工作有利于幼儿更快适应环境,增进家园沟通,是幼儿度过愉快的一天幼儿园生活的开始和结束
	晨间检查	
	晨间活动	
	晨间谈话	
	离园整理	
	离园准备	
	离园	
教育活动	小组活动 (如区角游戏)	小组活动为幼儿自由交往和发展提供机会,有利于教师了解幼儿的个体发展和个别化教育。集体活动帮助幼儿控制力、自制力和集体意识的培养,提高教师的活动效率
	集体活动 (如集体教育教学)	
生活活动	餐点	合理有序的生活活动有效满足幼儿的生理和心理需求,帮助幼儿建立良好的生活和学习习惯,增强幼儿的自理能力和自我意识
	饮水	
	盥洗	
	如厕	
	午睡	

续表

户外活动	早操	户外活动增强幼儿体质,满足幼儿身体运动的需要
	户外游戏	
	体育活动	
自由活动	自由活动是幼儿自己主动发起的活动,是幼儿自由发展、主动探索和学习的重要方式	

三、 幼儿园一日活动的组织原则

幼儿园的基础教育是通过幼儿在园的一日活动来组织的,幼儿的学习和发展是通过幼儿在园一日生活来进行的。《纲要》在第三部分"组织与实施"中提出要"科学、合理地安排和组织一日生活"。《规程》指出:"幼儿园一日活动的组织应动静交替,注重幼儿的实践活动,保证幼儿愉快地、有益地自由活动"。科学合理地组织幼儿的一日活动,推动各项活动中教育价值的实施,不仅可以促进幼儿园各项活动的顺利开展,而且有利于幼儿身心健康发展,帮助幼儿养成良好的行为习惯,培养幼儿的广泛兴趣。在组织幼儿一日活动时应该遵循以下原则。

1. 安全、有序的组织原则

幼儿愿意主动、积极地参与、开展学习和游戏,主要是源于幼儿处于一个愉快、安全、有序的环境中。

创造一个安全的环境,不仅要保证幼儿园物质环境安全,还要保障幼儿心理环境的安全。其中,物质环境安全体现在:保障幼儿人身安全,应有成人看护幼儿活动和出入的场地;保证室内外活动场地和各种活动材料的清洁、卫生、符合国家规定的安全标准,不存在安全隐患。心理环境的安全体现在:幼儿在活动中、环境中按自己的兴趣、意愿和需要选择活动,在活动中语言和行为自由;在不违法规则的前提下,允许幼儿自由探索和活动。

提供有序的环境主要体现在:教师要制定符合幼儿年龄特点的、能理解的公共规则,帮助他们有序地开展活动。一日活动各个环节过渡要自然、有序、安全;教师相互配合,共同组织和指导好各项活动。

2. 稳定性与灵活性相结合的原则

(1) 常规活动比较稳定

根据园所实际情况和幼儿身心发展,幼儿园制定比较科学合理、稳定有序的生活制度与常规。通过制度落实,促使幼儿有规律地生活与游戏,尽量减少、避免因不稳定因素给幼儿带来的紧张和慌乱;应相对稳定地组织幼儿的一日作息,尽可能地减少环节转换,使每个幼儿了解和参与一日活动的安排,帮助幼儿形成生活的秩序感,为接下来的活动做好心理准备。

(2) 整体安排相对灵活

幼儿的一日活动安排还应该在稳定的前提下,根据幼儿活动的不同情况,如幼儿需求不同、进度不一等进行灵活的调整。当遇到特殊情况或需要适当调整的日程安排时,提前告知幼儿,减少幼儿的情绪波动,让他们有心理准备;或者在组织具体活动环节时,可以根据幼儿的反应和表现调整某个活动的时间。

3. 保教合一的原则

幼儿园是对幼儿实施保育和教育的机构,幼儿园一日活动的组织必须坚持保育和教育相结合的原则。这既是幼儿生长发育的需要,也是幼儿心理发展水平和集体生活的需要。在一日活动的组织中,要兼顾保育和教育,因为它们是相互渗透、相辅相成的,任何一方的偏失都不利于幼儿的全面发展。

4. 以游戏为基本组织形式的原则

学龄前幼儿由于心理和生理发育还不成熟,他们的思维处于具体形象思维阶段,游戏是他们最喜欢也最容易接受的活动形式,是帮助幼儿生活、学习的最佳途径。对于幼儿来说,生活即教育、游戏即学习。因此,在一日活动的安排和组织上,教师应根据幼儿的特点、兴趣、能力,创设丰富的游戏,以有趣的形式组织幼儿进行活动。

第二节 一日活动环节的组织要求

《规程》中第二条明确指出:"幼儿一日活动的组织应动静交替,注重幼儿的直接感知、实际操作和亲身体验,保证幼儿愉快的、有益的自由活动。"幼儿园一日活动涵盖了知识、技能、情感、态度等一系列幼儿所要学习的内容。因此,教师在安排幼儿一日活动时,必须有计划、有目的,这样才能达到既定的教育目标。

一、幼儿园一日活动的组织安排

1. 科学合理的作息时间

科学合理的作息时间可以帮助幼儿建立有序的一日生活规律,促进幼儿的身心健康发展,帮助幼儿在活动中保持良好的精神状态,使他在各种活动中保持充足的体力,表现出活泼、积极、主动的状态。

2. 既统一又灵活

在幼儿园一日活动安排中,教师要严格按照一日活动安排表制定的作息时间来安排幼儿的活动。但幼儿的一日活动也需要一定的灵活调整,教师在遵守一日作息安排时,也应根据不同年龄段幼儿的身心特点和不同幼儿的性格特点、班级实际情况,灵活、合理地对活动进行调整。例如,在午餐环节,对于进餐速度快的幼儿,可以请他们为同伴提供服务或者帮助,而进餐较慢的幼儿,可以先请他们就餐。

3. 丰富多彩的游戏活动

对于3~6岁的幼儿来说,游戏是最适合他们的学习和生活方式,因此教师在一日活动中应尽量为幼儿安排适宜的游戏活动。教师不仅要为幼儿提供丰富多彩的游戏活动,还要为幼儿提供适合游戏的场地、材料,不断激发幼儿参与游戏的兴趣。对于不同年龄阶段的幼儿,教师应根据幼儿年龄特点、游戏水平、游戏需求制定游戏的侧重点。小班幼儿游戏应注重游戏的情景性,中班幼儿游戏应注重游戏的趣味性,大班幼儿游戏应注重游戏的难度层次性、规则性、合作性。

4. 有序自然的环节过渡

一日活动的过渡环节是一日生活中活动与活动之间的间隔、转换。如果幼儿在活动中要自然进入下一环节,就需要教师合理安排、减少等待,促使幼儿在有趣、积极的过程中为顺利地进入下一环节做好准备。教师可以为幼儿营造轻松愉快的氛围,组织内容有趣、形式多样的活动,缓解幼儿转变活动的不适感。教师只有把握好过渡环节,将一日活动灵活、有机地串联起来,才能有效促进幼儿的全面发展。

把握过渡
环节小妙招

5. 幼儿良好习惯的培养

3~6岁是幼儿踏入社会、培养良好习惯的重要时期。注重这一时期幼儿的习惯培养,将为其终身发展打下良好基础。幼儿倾听表述、行为举止、卫生安全、学习习惯等社会性行为的发展贯穿于幼儿的一日教育之中。幼儿的一日活动中隐藏着大量的"潜在教育契机",教师应善于发现、及时抓住教育契机,在潜移默化中培养幼儿良好的行为习惯。

二、一日活动各环节的组织要求

(一)入园活动

入园活动安排如表 4-2 所示。

表 4-2　入园活动

晨间接待	晨间活动是幼儿每天从家庭空间进入公共场合、集体生活的一个过渡环节。良好的晨间接待是幼儿在园美好活动的开始。教师要提前做好准备工作,如开窗通风、清洁整理、准备玩具等。由于每个幼儿入园时间有差别,因此晨间接待需要教师一一接待和了解,并且做到热情接待幼儿,和幼儿及家长问好,对于小班幼儿可以多一些拥抱。教师的情绪和态度对幼儿有很大的影响,让幼儿感受到欢迎、关心和亲切是教师接待的要点。接待中,教师多多引导幼儿有礼貌地问候他人。同时,教师有礼貌地向家长问好,并了解幼儿在家的情况,利用晨间时间及时、相互了解。 利用晨间接待,教师还可以与幼儿谈话交流,适当进行个别教育,引导和帮助个别幼儿更快地适应幼儿园的环境和生活。利用游戏、玩具、活动等吸引幼儿,转移他们的注意力,帮助他们乐意留在幼儿园,参加集体生活
晨间检查	幼儿入园时在幼儿园门口由保健医生进行晨间检查,进入班级后教师再进行二次检查,以免有遗漏和错误。检查内容包括幼儿的清洁卫生和健康状况。要摸摸幼儿的额头是否有热;看脸色和眼神以及咽部有无病状;问问身体有无不舒服感觉;检查口袋里有无不安全物品等。如果发现异常现象,应及时处理,防止传染病传入幼儿园
晨间活动	晨检后,教师组织幼儿参加晨间活动。晨间活动应该以小型的、多样的分散活动为主。幼儿可以自由选择游戏区域和活动的类型、自由结伴、自主选择玩具。 教师可利用这段时间进行个别教育。可以指导中、大班的幼儿做值日生工作,如放水杯、摆放桌椅、整理植物角等

晨间谈话	晨间活动即将结束时,教师可以组织幼儿整理玩具和区角。之后,组织幼儿进行简短的谈话,总结晨间活动,或者与幼儿就某个话题进行讨论,或者简短说明一日活动的要求。内容要结合当天的情况,时间不要过长

（二）早操活动

早操有助于帮助幼儿迅速清醒、积极活动,开始一日的有序生活。晨间空气清新自然,是锻炼身体的好时间,早操一般在户外进行,除非阴雨等特殊天气回到室内进行。

早操前,教师应检查幼儿衣着和鞋子,提醒幼儿系好鞋带,组织幼儿排队有序下楼。到操场后,先听口令简单整理好队伍,排好体操队形之后再听音乐或口令开始做操。

教师指导早操时,要精神饱满,动作准确整齐,配班教师纠正幼儿不正确的姿势,及时做好入园较晚的幼儿的接待工作。

（三）生活活动

生活活动安排如表 4-3 所示。

表 4-3　生活活动

如厕	早操结束后,要组织幼儿如厕,逐步培养幼儿在集体活动前大小便的习惯。小班幼儿如厕教师需要多多关注,给予幼儿提示和帮助
盥洗	幼儿的盥洗活动包括洗手、洗脸等。在活动中,逐渐培养幼儿自己正确的洗手、洗脸,养成早晨、午睡后、吃东西前后、大小便后、手脸弄脏之后都能主动清洗手脸的习惯。盥洗活动能够帮助幼儿增强自理能力,促进良好的生活卫生习惯的养成,保教人员应该重视和认真组织盥洗活动并且做好准备工作:干燥安全的卫生间、数量充足的洗手台供每个幼儿单独使用、男女生便池分开、足够的洗手香皂或者洗手液,便于取放、独立的毛巾架。教师要注意指导幼儿掌握盥洗的正确方法,培养幼儿盥洗时有序排队,不玩水,不拥挤,不打扰他人活动
饮水	幼儿饮水看似简单,却是幼儿家长和教师积极关注的重要在园生活内容,教师应该帮助幼儿养成主动、科学的饮水习惯。每个幼儿都有自己的专用水杯,水杯上可以做好统一又醒目、便于幼儿识别的标记,通常情况下教师会使用幼儿的照片或者名字作为区分的标记。水杯存放在便于幼儿取放的,带有格、门或者帘的柜子中。 一天中应该提醒幼儿合理饮水。幼儿一天在园喝水的次数不限制,但是在集体教学活动之后、户外活动之后、午睡起床后,教师应该提醒幼儿及时补充水分。其他时间可以随时允许幼儿喝水。饮水前,保育教师应该提前把水准备好,并注意水温要适当,以免幼儿烫伤或者受凉。幼儿分组排队取杯、接水、饮水、放杯。整个过程中需要教师及时关注幼儿排队的秩序、接水的量、幼儿之间是否有打闹、有无玩杯玩水等现象,以便及时引导、教育幼儿,培养幼儿良好的秩序和规范饮水的习惯

（四）集体教学活动

集体教学活动是幼儿一日活动中最为重要的一个环节,也是教师每天必须认真准备,精心设计的环节。集体教学活动也是幼儿在园获取知识、情感、技能等重要信息的主要途径。

活动前，教师要准备足够数量的教具、布置好活动场地、注意桌椅的摆放和课件的设计是否符合相应学段幼儿的年龄特点。在活动中，教师的教学环节要紧凑、方法要有趣，多以符合幼儿兴趣的游戏来吸引幼儿的学习兴趣。教师要关注全体幼儿的情绪和接受程度，随时调整活动的进程。进行教学活动时，活动室内尽量不要随便进出其他人，教师也不要来回走动，最好保持比较稳定的姿态，以免分散幼儿的注意力。不同年龄段的教学活动时长不同，小班 15 分钟左右、中班 20 分钟左右、大班 25 分钟左右，教师要根据幼儿活动的兴趣把握时间，有计划地结束一次集体教学活动。两次集体教学活动之间应该让幼儿休息 5～10 分钟。

（五）户外活动

户外活动对幼儿的身体发展、社会认知具有积极的推动作用，教师应该根据幼儿年龄特点，安排合理的户外活动，并在活动中培养幼儿的安全意识。幼儿园应该切实保证幼儿每日户外活动时间不少于两个小时，注意动静结合，不要过度疲倦。

户外活动可以是悠闲的散步活动或者体育游戏、自由活动。教师可以组织幼儿自选内容和体育器械、自定游戏玩法和游戏伙伴。教师要有序组织，积极创造条件，引导、鼓励幼儿自由进行各项活动，在活动中提醒幼儿注意活动规则、培养幼儿活动的安全意识。教师需要根据天气和幼儿活动的情况，提醒幼儿增减衣物。活动结束后，教师组织幼儿自主收纳玩具、整理场地，回班后要及时小便、洗手、喝水。

（六）午餐活动

午餐是幼儿一日在园补充能量的重要时刻，也是幼儿园、教师、家长关注的重要环节。午餐前，教师应该组织幼儿如厕、盥洗，中大班可以安排值日生做好餐前餐具、毛巾的准备工作。幼儿坐在自己的座位上，教师可以组织餐前活动，如故事会、音乐游戏等，以便幼儿用餐拥有一个放松的心情和氛围。饭菜打来后，教师可以通过介绍饭菜的内容和营养帮助幼儿建立食欲。另一位教师和保育教师为幼儿盛饭，饭菜每人单独一份。幼儿午餐时，教师要及时关注幼儿的进餐情况，及时添饭或者汤，保障幼儿有充足的食物供给。

尤其要注意培养幼儿良好的用餐习惯：引导幼儿正确坐姿和安全使用餐具；教育幼儿安静进餐、细嚼慢咽、不挑食偏食、不浪费食物。在进餐过程中，教师不要批评孩子或者处理问题，以保障幼儿良好的进餐情绪。餐后教师组织幼儿有序、自主地送回餐具、及时整理桌面和地面、漱口和洗手。教师根据幼儿用餐进度,分别组织用餐结束的孩子进行户外散步或者餐后游戏,之后再准备午睡。

(七)午睡活动

午餐散步之后要组织幼儿午睡,帮助幼儿养成良好的睡眠习惯。幼儿每日午睡的时间不少于两小时,充分的休息才能使幼儿机体获得能力、身体健康、精力充沛地参与下午活动。

午睡前,教师组织幼儿盥洗、脱掉鞋子和外套并摆放整齐。幼儿进入午睡室要保持安静,上床入睡注意安全,教师和幼儿尽量不在午睡室内随意走动或者说话。幼儿入睡后,教师不得离开,也不能午睡,教师要随时关注幼儿睡眠情况,帮助幼儿改善不良睡眠习惯,如趴睡、吃手、玩弄身体等不良习惯,帮助幼儿盖被或者减少被子遮盖幼儿口鼻。幼儿起床后,教师需要及时引导、教育幼儿自己穿衣、叠被子、穿鞋,对于小班的孩子或者能力较差的孩子,教师可以给予具体的帮助。教师及时检查幼儿衣服是否穿戴整齐、鞋子左右脚是否穿得正确、鞋带是否系好,帮助幼儿整理床铺和梳好头发,鼓励幼儿自己整理。

(八)区角和游戏活动

区角和游戏是下午活动的主要内容,是幼儿喜爱的、符合幼儿身心发展规律的、促进幼儿社会性发展的重要活动。教师对于区角活动的区域设计、材料投放、游戏内容、组织规则要充分思考、精心设计。游戏内容要丰富多彩、形式多样多变,注意游戏的动静结合。在活动组织上,尽可能按照幼儿自己的意愿去选择区角和游戏的内容,发挥幼儿的积极性、主动性、创造性,让幼儿感受到游戏的快乐。教师要引导幼儿遵守区角和游戏的规则,观察幼儿的情绪和行为,及时记录和处理。游戏之后,教师要引导幼儿自主收纳和整理区角材料、游戏场地。

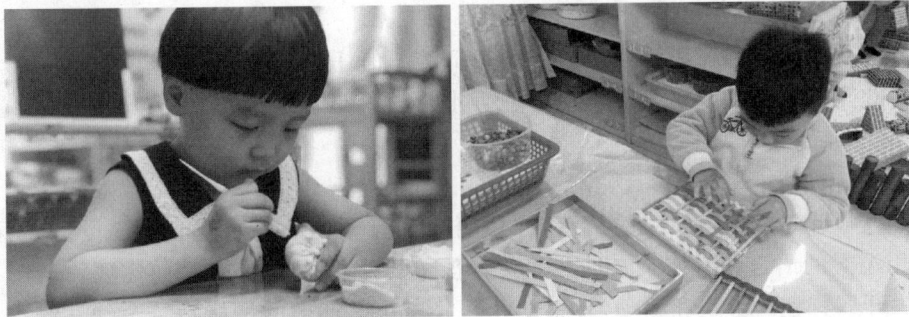

(九)离园活动

离园是幼儿在园一日活动的最后一个环节,利用短暂的离园准备时间,教师有计划地组织幼儿进行离园准备和整理,对幼儿情感认知、自我服务技能提高有重要的意义。

离园前,幼儿坐在自己的座位上,不再随意走动,教师与幼儿做简短的离园谈话,对一天的活动进行简单总结。之后,教师检查幼儿是否着装整齐,组织幼儿有序地领取、整理好自己的个人物品。离园时,当幼儿听到教师说到自己名字时,再离开座位,将椅子归位,与教师告别。教师提醒幼儿离园时注意安全,微笑与幼儿和家长告别。对于一些家长有事来晚的幼儿,及时安抚幼儿情绪,引导幼儿耐心等待,也可以组织他们进行活动,避免因为等待产生的焦虑情绪。如果有需要,教师也可以利用离园的空闲时间与个别家长简短的交流,介绍幼儿在园表现或者听取家长意见。

幼儿园的一日活动丰富多彩、环节相扣、组织有序,这样才能更好地帮助幼儿适应集体生活,促进幼儿掌握最基本的生活经验和社会行为规范。虽然幼儿是一日活动的主体,但是由于幼儿知识、经验、能力、整体发展水平有限,因此,只有教师积极地参与幼儿活动并给予幼儿科学、合理、适当的引导和帮助,才能促进幼儿在一日活动中健康快乐地成长。

第三节　一日活动环节的具体实施

《纲要》中明确指出"科学、合理地安排和组织一日活动""保证幼儿每天有适当的自主选择和自由活动时间""尊重幼儿的人格和权利,尊重幼儿身心发展的规律和学习特点"。因此,对于幼儿一日活动各环节的组织需要提出要求,这样才能促进幼儿在每一个活动中得到科学合理的发展。教师必须从每一个环节的细节抓起,做到认真细致、体贴入微,将教育与爱渗透到每一个活动中。

一、 入园活动

(一)常见问题分析及应对措施

1. 分离焦虑严重

问题分析如下。

(1)幼儿对陌生的环境的不适应和对教师的不信任,缺乏安全感。

(2)幼儿在家庭中是关注的焦点,在幼儿园中只是普通成员,角色转变产生心理落差,幼儿不适应。

应对措施如下。

(1)教师首先要理解幼儿的情绪,并用语言和行动让幼儿感受到自己受到关注。教师可以用温柔的语言和抱抱亲亲幼儿表达对孩子的爱,满足幼儿的情感需要。

(2)开展有趣的游戏和活动,转移幼儿因分离焦虑产生的情绪。符合幼儿需求的、有趣的游戏能够放松幼儿的心情,促进幼儿在轻松的环境和快乐的情感体验中克服焦虑、恐惧。

2. 幼儿哭闹

问题分析——身体不适或者生病未痊愈。

应对措施如下。

(1)与家长沟通好,了解幼儿身体状况,做好注意事项和服药记录的登记,以便更好地照顾幼儿。

（2）对于身体不适的幼儿，教师要给予幼儿语言和肢体上的安慰和适当的帮助。

（3）在活动中留心观察生病或者状态不好的幼儿，及时了解幼儿身心状态。

3. 活动过于吵闹

问题分析如下。

（1）教师未对活动进行要求。

（2）幼儿常规意识缺乏。

（3）晨间活动安排不合理。

应对措施如下。

（1）教师组织比较安静或者舒缓的活动，在活动时对幼儿行为提出要求。

（2）教师关注幼儿活动情况，观察幼儿行为，及时提醒幼儿。

（二）教师的指导策略

（1）保育员提前进入教室，开窗通风，做好室内外卫生清理工作，为幼儿营造舒适、洁净的环境。

（2）将水杯、毛巾消毒，并摆放在固定的位置。

（3）教师热情接待、主动向幼儿问好、引导幼儿与家长道别。

（4）关注幼儿入园的情绪，对不同情绪的幼儿给予回应。

（5）协助保健医生做好幼儿药品的交接工作，准确掌握药品服用剂量、时间、方式等事项。

（6）通过晨检掌握班级幼儿身体总体情况。

（7）对家长的特殊需要做好记录，并及时与配班教师、保育员沟通。

（8）随时观察正在活动的幼儿，与家长简短交流。

（9）引导幼儿自己选择喜欢的活动进行游戏。

（10）引导幼儿自我检查，将危险物品放在指定位置，并妥善保管。

入园活动

二、早操活动

（一）常见问题分析及应对措施

1. 入场与早操开始的过渡环节混乱

问题分析如下。

（1）教研组教师未统一时间入场，队形不整齐。

（2）早操前未组织热身活动，导致幼儿无所事事。

应对措施如下。

（1）教研组教师应该统一、有序入场，入场后及时调整幼儿队形，尤其注意一些迟入园幼儿或者请假幼儿的位置空缺如何安排。

（2）入场后，两位教师合理分工，一位教师引导幼儿注意队形，另一位教师带领幼儿进行早操前的热身运动，尽量减少无效的消极等待。

2. 早操活动中个别幼儿不能坚持活动

问题分析如下。

（1）天气寒冷或者炎热时，幼儿难以忍受。

（2）个别幼儿经常性入园迟，缺乏早操锻炼。

应对措施如下。

（1）教师在日常教育中引导幼儿增强意志力和持久力。

（2）加强常规教育和家园共育，帮助幼儿养成遵守时间、坚持不懈的良好行为习惯。

（3）特殊天气适当选择在室内进行早操。

（二）教师的指导策略

（1）引导幼儿活动前盥洗、检查幼儿衣服和鞋子是否穿戴好。

（2）按照做操队形有序进入早操地点。

（3）引导幼儿按照音乐做相应动作、取放器械。

（4）观察早操时是否有出现情况异常的幼儿，及时处理。

（5）鼓励幼儿参与活动、坚持锻炼、有序做操。

（6）培养幼儿早操的良好常规、加强安全教育和监护，确保活动安全。

三、 生活活动

（一）常见问题分析及应对措施

1. 幼儿不爱洗手、不会洗手

问题分析如下。

（1）个别幼儿不知道什么时候该洗手、什么时候不该洗手。

（2）幼儿洗手时候洗不干净，洗手缺乏顺序性，没有完全掌握正确洗手的方法。

应对措施如下。

（1）教师加强常规教育，让孩子了解什么时候该洗手、什么时候不该洗手。

洗手活动

（2）增加洗手的乐趣，及时对表现正确的幼儿进行表扬。

（3）抓住教育契机，及时引导幼儿。

（4）教会幼儿正确洗手的方法，在幼儿洗手过程中，教师随时监督、提醒、帮助。

（5）家园配合，家长以身作则，帮助幼儿养成良好的洗手习惯。

2. 幼儿洗手时玩水、拥挤、打闹

问题分析如下。

（1）幼儿对水充满好奇，玩水符合幼儿探索的兴趣。

（2）幼儿洗手时嬉戏打闹，爱玩且不愿意谦让。

应对措施如下。

（1）开展教育活动，引导幼儿树立节约用水的意识。

（2）教师为幼儿提供玩水的机会，满足幼儿爱玩水的心理需求。

（3）在一日生活中培养幼儿良好的洗手习惯，引导幼儿树立行为规则。

（4）培养幼儿理解洗手的重要性，认真洗手。

3. 表达便意有困难

问题分析如下。

（1）小班幼儿的控制能力较弱，太投入活动而忘记生理需求。

（2）不敢告诉教师或者不适应幼儿园的排便设备、如厕环境。

应对措施如下。

（1）教师科学安排幼儿活动和大小便时间。

（2）教师注意观察幼儿，及时提醒幼儿小便。

（3）教师主动亲近幼儿，培养幼儿对幼儿园和同伴之间的良好感情。

4. 上厕所不专心

问题分析如下。

（1）幼儿上厕所时争抢便池、没有蹲好就大小便、一边小便一边打闹。

（2）卫生间环境相对宽松，幼儿在卫生间内活动、交往比较自在。

（3）幼儿注意力不集中，容易在卫生间被其他事物吸引。

应对措施如下。

（1）帮助幼儿建立如厕的良好行为规范，及时提醒幼儿。

（2）当幼儿严重违反规则，适时地进行批评教育。

5. 饮水不科学、爱玩水

问题分析如下。

（1）幼儿的饮水意识薄弱，需要在他人提醒下喝水。

（2）接水时的水量不会控制，接水太多喝不完无法处理，就会玩水。

（3）把喝水当作好玩的游戏。

应对措施如下。

（1）对于幼儿一天的饮水时间和饮水量进行引导、教育，让幼儿明白什么时候喝水，该喝多少。

（2）与幼儿一同制订饮水计划和饮水规则，让幼儿对于科学、规范饮水有更明确的认知。

（3）观察幼儿的饮水行为，抓住教育契机，具体问题具体分析。

（二）教师的指导策略

（1）检查厕纸是否充足，检查厕所地面干湿状况。

（2）将幼儿合理分组，组织幼儿有序、排队进入盥洗室。

（3）帮助个别幼儿脱裤子、提裤子、指导幼儿便后擦屁股的方法。

（4）观察幼儿大小便情况。

（5）提醒幼儿便后冲水，提好裤子再洗手。

（6）检查毛巾数量，毛巾摆放、洗手液的位置，方便幼儿取放。

（7）指导幼儿按照正确的洗手步骤洗手。

（8）检查水桶、水杯是否准备好，冬季需调节好水温，避免出现烫伤等意外现象。

（9）提醒幼儿饮水时遵守规则，倒水时排好队，不插队，不拥挤。

（10）观察幼儿倒水时水量是否适宜，提醒幼儿尽量接半杯水，用杯子接住水。

（11）观察幼儿饮水行为，当幼儿打翻水杯、被呛到或者有争吵现象时，需要教师及时处理。

（12）提醒幼儿饮水结束将杯子放回原来的位置。

（13）饮水结束后，及时清理地面、桌面，检查水温和剩余水量，及时补充。

四、 集体教学活动

（一）常见问题分析及应对措施

1. 幼儿参与活动注意力不集中

问题分析如下。

（1）幼儿身心发展的规律决定幼儿注意力集中的时间在不同年龄段有所差异、相对于成人来说较短。

（2）幼儿注意力容易受到外界的干扰。

（3）教育教学活动的内容不符合幼儿的兴趣和需求。

应对措施如下。

（1）活动的目标、内容和环节设计应符合幼儿的年龄特点和兴趣。

（2）在活动中关注幼儿的真正需要和兴趣，教师给予适时、有效的指导。

（3）积极引导幼儿参与活动，关注全体幼儿，利用榜样的作用鼓励其他幼儿的参与。

2. 幼儿干扰活动秩序

问题分析如下。

（1）幼儿随意插话或者走动。

（2）幼儿缺乏规则意识，不知道也不能遵守规则。

应对措施如下。

（1）培养幼儿良好的活动常规，帮助幼儿建立规则意识。

（2）教师采取生动、有趣的教育方式，通过游戏的方式培养幼儿的注意力。

（3）教师和幼儿一起制定活动规则并相互监督，幼儿自己讨论、制定的规则对于幼儿来说更有制约性。

（二）教师的指导策略

（1）根据幼儿年龄特点制定活动目标，结合班级幼儿的特点，让幼儿通过活动得到进步和发展。

（2）在师幼活动过程中，抓住幼儿随时产生的新的有价值的兴趣和疑问，引导幼儿参与活动、积极互动。根据新的问题引申新的教育内容和派生出新的教育活动。

（3）针对不同的目标，可以组织正式的集体或分组教学活动，也可以将活动内容渗透在区角材料中，由幼儿自行操作、引导幼儿自由探索、总结。

（4）关注全体幼儿，注重个体差异，给予幼儿表现表达的机会，多多提问不爱回答问题的幼儿，给他们展现自己的机会。

（5）引导幼儿在集体中学会遵守活动规则、增强集体荣誉感、形成良好的学习态度和方式，逐步增强幼儿合作意识、任务意识。

五、 户外活动

（一）常见问题分析及应对措施

1. 幼儿做危险的事情

问题分析如下。

（1）幼儿好奇心比较强，对于新的事物喜欢探索和尝试。

（2）幼儿自主意识逐渐发展，渴望自己做一些事情，但是他们缺乏自我保护意识。

应对措施如下。

（1）外出活动时，说明活动规则，并且引导幼儿时刻遵守。

（2）经常性地进行安全常识教育活动，帮助幼儿了解生活中的安全隐患。

（3）在活动中留心观察幼儿活动，及时制止幼儿的非常规行为。

2. 同伴间的冲突

问题分析如下。

（1）幼儿为玩具或者其他问题发生争执，因为语言发展有限，大部分他们会直接用动手解决。

（2）幼儿渴望与同伴交往但缺乏交往技巧，幼儿沟通能力不足，无法解决问题才常常会发生冲突。

应对措施如下。

（1）了解幼儿、尊重幼儿是解决问题的基础。教师应该了解事情的全过程再处理。

（2）鼓励、引导幼儿自己判断、解决问题，如果需要教师解决，要做到公平公正。

（3）加强幼儿活动的常规意识培养、材料投放等，尽量减少幼儿间不必要的冲突。

（二）教师的指导策略

（1）提醒幼儿做好户外活动的准备，适当饮水、安全着装、如厕等。

（2）根据幼儿情况，适当增减衣服或塞好汗巾，保证足够的户外活动时间。

（3）时刻关注幼儿的安全，走动巡视，适时指导幼儿活动，确保每个幼儿在教师的视线范围内，谨防意外。

（4）发现幼儿有危险动作时教师要及时制止，并进行必要的指导、帮助和安全教育。

（5）注意动静交替，科学安排运动量，防止突然运动或剧烈运动造成的拉伤、扭伤或身体不适等。

幼儿户外活动
注意事项

（6）引导幼儿合作游戏、自主收纳和整理材料及个人物品，培养幼儿良好的户外常规。

（7）关注个别幼儿的特殊需求。

（8）离开户外场地时，有序排队离开，回班洗手、喝水。

六、 午餐活动

（一）常见问题分析及应对措施

1. 幼儿进餐习惯或者进餐礼仪缺乏

问题分析如下。

（1）幼儿进餐缺少良好的行为引导。

（2）幼儿进餐时不专心、说话、玩餐具和食物。

（3）幼儿年龄小，没有掌握进餐技能，存在掉饭、剩饭、玩饭的现象。

应对措施如下。

（1）餐前进行进餐礼仪教育，幼儿用餐时，教师提醒幼儿应该遵守那些规则。

（2）幼儿进餐时采用少量多次的方式，教师及时关注幼儿进餐情况，减少剩饭和挑食。

（3）家园共育，教师与家长共同帮助幼儿建立进餐时好的行为习惯。

2. 不会自己进餐或者过度进餐

问题分析如下。

（1）家长过度帮助幼儿，导致幼儿缺乏独立进餐的技能。

（2）个别幼儿缺乏合理膳食的意识。

应对措施如下。

（1）教师引导、教育幼儿独立进餐的方式方法。

（2）家园共育，和家长建立一致的教育理念，为幼儿创造独自进餐的机会，鼓励幼儿自己进餐。

（3）幼儿园合理、科学安排膳食，提醒幼儿注意食物的搭配。

（4）在生活教育中为幼儿渗透合理、健康饮食的意识。

（二）教师的指导策略

（1）餐前教师可组织安静的小活动，帮助幼儿平定情绪，营造温馨、安全的进餐环境。

（2）有序组织幼儿分组进入卫生间盥洗。

（3）等待进餐时，教师可组织值日生或小组长为大家分发餐具，或用游戏口吻激发幼儿猜测将要吃到的食物名称、激起食欲。

（4）进餐时，提醒幼儿做到"五不"，即不说话、不挑食、不偏食、不乱扔饭菜、不依赖汤泡饭，有针对性地引导、帮助幼儿养成良好的进餐习惯。

（5）教师之间合理分工、协调配合，共同做好餐前准备、进餐组织、餐后整理的工作。

（6）引导幼儿餐后自主整理餐具和桌面、漱口、洗手。

（7）引导幼儿餐后活动、餐后散步。

七、午睡活动

（一）常见问题分析及应对措施

1. 入睡困难

问题分析如下。

（1）睡前活动激烈，幼儿比较兴奋，入睡较困难。

（2）没有养成良好的作息习惯，睡得晚，起得晚。

（3）对环境不适应。

应对措施如下。

（1）午饭后，教师尽量安排温柔的、安静的餐后活动。

（2）提醒家长帮助幼儿调整作息，早睡早起，改善睡眠习惯。

（3）营造比较安静、温馨的午休环境，对个别幼儿进行安抚。

2. 起床整理时缺少生活技能

问题分析如下。

（1）受到家长教育方式的影响，幼儿自理能力较弱。

（2）幼儿缺少独立整理的机会。

应对措施如下。

（1）教师引导、帮助幼儿整理床铺、穿衣服和鞋袜，帮助幼儿掌握生活技能。

（2）幼儿自我服务时，教师细心观察，及时引导。

（3）通过开展有趣的游戏帮助幼儿建立自理的兴趣，掌握整理的技巧。

（二）教师的指导策略

（1）睡前教师检查午睡室情况，营造安全、安静的午睡环境。

（2）教师引导幼儿睡前小便、脱衣、脱鞋、安全上床。

（3）提醒幼儿保持正确睡姿和良好的睡眠习惯。

（4）观察幼儿入睡的情况，及时做好相关记录。

（5）引导幼儿按时、有序起床，正确穿衣穿鞋。帮助个别幼儿学会正确、独立地穿衣穿鞋。

（6）鼓励幼儿自己整理床铺。

案例分析

在幼儿园不好好睡觉

情境再现：经常听到有家长说："老师，我的孩子已经入园两周了，天天问他都不喜欢午睡，每天中午都要折腾很久他才能睡一会儿，等他睡着了，午睡时间也到了。"教师和家长沟通得知，有的孩子在家没有午睡的习惯；有的孩子虽然午睡，但是午睡也没有固定的时间,家长也不勉强幼儿必须午睡。

原因分析:幼儿因为情绪问题不肯午睡,刚入园幼儿想念家人难以入睡。幼儿在家中和幼儿园中的作息时间不一致,在家中幼儿睡觉很随意,但是到了幼儿园就要遵循幼儿园这种相对比较固定的作息时间,幼儿刚入园还没有建立起比较稳定的作息习惯。幼儿对于幼儿园的集体生活还没有适应。在家中午睡环境比较私密、安静,有时候还会有家人陪伴入睡。但是在幼儿园中,幼儿园午睡室幼儿较多且要独自入睡,幼儿之间会有相互干扰的现象,教师也会巡视每一位幼儿的睡眠状况。因此,幼儿无论在环境上还是情感上都需要一定的调整。

建议与对策:想要解决幼儿午睡的问题,需要家园合作,统一思想和行为,共同教育。

作为教师,需要为幼儿营造温馨、安静的睡眠环境,适当给予幼儿安抚和行为鼓励,减少幼儿的不良情绪。同时,对于一些特别的幼儿应当在不影响其他幼儿休息的前提下安排一些安静的活动。如果幼儿未午睡,教师应及时和家长沟通,引导幼儿晚间早点休息,保证充足的睡眠。

教师和家长可以建立共同的教育理念和目标。教师可以建议家长在以下几个方面多多配合:每天坚持午睡,培养幼儿在家中的活动也要有一定的时间,并且家庭成员相互配合,坚持引导幼儿有规律的作息,建立条件反射。长此以往,幼儿一到午睡时间就会产生困意,慢慢就会主动午睡。周末或者假期,尽量按照幼儿园的作息时间安排孩子活动,不随意打乱孩子的一日作息。当幼儿到午睡时间时,家长及时用语言提醒幼儿该午睡了,督促幼儿睡觉,并且在幼儿做得好时,及时表扬幼儿。

八、 区角活动和游戏活动

(一)常见问题分析及应对措施

1. 争抢游戏材料

问题分析如下。

(1)材料投放不足。

(2)幼儿以自我为中心。

应对措施如下。

(1)教师投放游戏的材料时要充分考虑参与活动的人数,投放足够的材料。

(2)引导幼儿共同游戏,为幼儿创造合作和分享的机会。

(3)利用榜样的力量引导、教育幼儿。

2. 不遵守活动规则

问题分析——幼儿缺乏规则意识。

应对措施如下。

(1)在活动开展前,教师明确游戏规则,提醒幼儿遵守。

(2)及时观察幼儿行为,对于不遵守规则的幼儿,教师适时给予批评教育。

(3)游戏结束后,教师组织幼儿讨论,及时提问和总结,加强幼儿的规则意识。

（二）教师的指导策略

（1）因地制宜规划合理的空间环境，提供丰富的、安全的、合理的材料，满足幼儿多样的、自主的需求。

（2）给每个幼儿自由选择游戏的权利，遵循幼儿的兴趣特点开展游戏，让幼儿在轻松愉快的氛围中敢于自主选择自己喜欢的游戏，但是在玩游戏时注意保持合适的距离。

（3）根据幼儿游戏和材料使用的情况，适当地调整材料。

（4）逐步培养幼儿良好的自主活动常规。

（5）观察幼儿活动，了解幼儿的兴趣倾向，分析幼儿的学习和发展，在适宜的时机选择合适的方式提高幼儿活动的水平。

（6）指导幼儿游戏时主动和同伴之间的合作，重点关注幼儿发展目标，根据幼儿发展目标，来开展游戏活动。

（7）保证幼儿有充足的区域活动时间。

（8）引导幼儿了解、遵守区域规则，明确具体的收拾、整理任务，及时收拾、整理。

（9）教师在必要时协助幼儿处理同伴之间矛盾冲突和单独整理有困难的幼儿。

（10）教师注意观察、适时帮助、有针对性地促进游戏的开展，帮助幼儿提高解决问题、相互交往的能力。

案例分析

编织区不好玩

情景再现：区域活动开始后，幼儿们根据自己的兴趣，自由地选择区域开始玩游戏，我发现编织区一个人也没有。于是，我说："编织区谁愿意去玩呀？"可是没有人理睬。于是我耐心地提高了嗓门："今天谁愿意去玩编花篮呀？"这时，丁淑苒举手说："我去吧。"后来有几个幼儿也陆续地去编织区玩了。

丁淑苒等几名幼儿在编织区开展游戏，可是不一会儿游戏就结束了。见此情况，我马上介入他们的游戏中，从头到尾把整个游戏的玩法讲给她们听，并给她们几个人分配了不同的任务，在我的引导下编织区的游戏总算顺利地开展起来了。但是在区域活动进行到一半的时候，我又发现编织区里乱成了一团，跑过去一看，他们此刻正在玩堆"堡垒"的游戏。看到我来又赶紧玩编织花篮，但是一点也不高兴。

原因分析：在设置区角时没有考虑大部分幼儿的兴趣和喜好，材料的投放也比较单一。幼儿的兴趣本来就不高，再加上游戏和材料的组合缺少多样性和变化性，幼儿对游戏失去兴趣。教师对幼儿的指导过于刻板和不具体。教师应该是幼儿发展的支持者、合作者、引导者，教师应该以观察为主，了解幼儿的兴趣需要、认知水平，在此基础上更合理地设置区域，投放材料。

建议与对策：对区角材料重新调整，在保留编织区原有材料的同时，为孩子提供纸、笔、吸管、毛线等，让孩子自己设计编制造型和自由搭配编制材料。根据不同发展水平的幼儿需要，投放编制步骤图和半成品，保证幼儿玩的趣味性、持久性和创造性。教师在指导幼儿过程中注意幼儿的个体差异,提供不同形式的指导。

九、 离园活动

(一)常见问题分析及应对措施

1. 离园整理时混乱

问题分析如下。

(1)幼儿自我整理,缺乏教师的提醒和指导。

(2)幼儿做事情缺少计划性。

应对措施如下。

(1)幼儿整理物品时,教师可以帮助和提醒,及时表扬做得好的幼儿。

(2)在一日生活中为幼儿提供整理的机会,利用故事、儿歌、游戏等方式帮助幼儿建立整理物品的顺序、技巧。

(3)家园合作,提醒家长在家中为幼儿整理提供机会。

2. 不愿意离园

问题分析如下。

幼儿热衷于幼儿园的游戏或者玩具。

应对措施如下。

(1)教师细心观察,了解幼儿想法再提出具体的意见。

(2)鼓励幼儿回家后进行有趣的活动,提醒家长多多关注和陪伴幼儿。

(二)教师的指导策略

(1)教师检查幼儿衣着和鞋袜,提醒并帮助幼儿整理自己的衣物、玩具等,与幼儿进行简短的谈话交流,总结当天的活动情况或者组织简单的游戏。

(2)幼儿有序地在老师的指令下离园,并愿意主动和老师说再见,离园时保持秩序和安全。

(3)与个别需要沟通的家长进行简短的交流,或者两位教师协调分工,不能忽略对其他幼儿的监护。

(4)个别幼儿无人接,教师和家长进行电话沟通,家长来时方可离园。

(5)幼儿全部离园后,整理活动室,检查水电安全,同时对班级进行清洁消毒。

第四节　一日常规的建立

在幼儿园中,一日常规既规定了幼儿一日在园的活动内容,也提出了活动的常规要求。《纲要》中明确指出"尽量减少不必要的集体行动与过渡环节,减少和消除消极等待的现象"。这就考虑到幼儿教育中的时间和效率问题。在幼儿园工作中,不同幼儿园根据自

己的实际建立属于自己的一日常规制度,严格执行一日常规就是帮助教师和幼儿加强时间管理、提高教育工作效率。

一、 一日常规的概述

一日常规通常是指幼儿在园一日活动中应该遵守的行为规范、活动规则和规定,它包括三方面的含义:遵守一日活动的时间及顺序、遵守一日活动各环节的具体要求、遵守幼儿园的一般行为规范。

幼儿的一日常规是多方面的,主要包括:生活常规(包括洗手、小便、喝水常规、午餐、卫生常识等);行为习惯常规(包括午睡、入座常规、上下楼梯、入园常规、散步常规等);学习活动常规(包括户外、早操、区角和游戏常规、集体教学活动常规等)。

二、 一日常规建立的意义

完善、细致的一日常规可以促使幼儿园为幼儿建立自然有序的学习和生活环境。良好的一日常规不仅能帮助幼儿在一个安全、有序的环境中养成良好的性格品质和生活习惯,同时也有利于教师组织与开展各项活动。所以,良好的一日常规是进行一切活动的基础。

1. 幼儿适应幼儿园的集体环境的具体方式

幼儿从家庭生活顺利过渡到集体生活,学会在集体中与别人共同学习生活,幼儿园一日常规教育就是帮助幼儿学习的具体方式方法。通过发展幼儿内在自由,帮助幼儿建立积极主动的纪律意识是一日常规的出发点和落脚点。通过一日常规,幼儿逐渐了解幼儿园环境、学习和生活方式的不同,在一日常规活动中,幼儿慢慢适应集体生活的方式和内容。

2. 促进幼儿良好习惯的养成

培养幼儿良好习惯的有效途径就是建立并遵循一日活动常规。幼儿的心理发展特征和品质是在与他人交往的过程中、与周围环境相互作用中发展和形成的。环境对幼儿规则意识和日常习惯的养成,比其他方式有着更重要的作用。幼儿通过重复和模仿,更容易在幼儿园一日生活中养成固定的行为习惯。

3. 有益于幼儿身心健康和谐发展

幼儿园常规教育还能够帮助幼儿掌握生活和社会知识技能,激发幼儿良好情绪,发展幼儿的自律能力。幼儿在集体中学习和生活,学习与他人、与集体的关系形成,能够促进幼儿社会性能力的发展。幼儿从自然人转变为社会人,离不开幼儿园的常规教育。良好常规的建立促使幼儿在幼儿园一日生活中拥有良好的身体素质和心理情绪,有益于幼儿健康和谐地发展。

4. 维持各项活动的秩序,帮助保教人员有效组织活动

幼儿的成长和教师组织一日活动的质量受到一日常规建立是否完善的影响。良好的

一日常规才能确保幼儿一日活动的有序性和高质量。如果班级一日常规没有建立好,幼儿的行为习惯得不到好的培养,教师就会分散精力用于维持各个环节的秩序,从而影响各项活动开展的水平。

三、 建立一日常规的策略

培养一日常规
小策略

一日常规是幼儿园确保幼儿一日活动多样、有序、安全的重要方式,是调动幼儿主动和积极参与一日活动的途径,培养幼儿独立性和自主性而采取的有效措施。通过一日常规的建立,可以保证教育的一致、连贯和有序。那么应该如何建立一日常规呢?

1. 创设宽松自由的环境,建立平等的师幼关系

良好的师幼关系是建立一日常规的基础。宽松自由、民主和谐的氛围能够有效帮助幼儿主动遵守各项活动规则。教师对幼儿的关心和爱护、教育与引导若想取得一定效果,教师需要尊重幼儿的选择和幼儿的主动配合。建立民主、平等的师幼关系,激发幼儿对教师的信任和尊敬,能够帮助幼儿从被动接受规则转变为主动遵守规则。

2. 符合幼儿年龄特点,合理制定规则要求

幼儿的年龄阶段不同,对规则的理解和意识程度不同,教师对幼儿的要求和规则设定也不能相同。教师应该结合幼儿年龄特点,逐步引导幼儿慢慢学会控制自己的行为。教师在互动中根据幼儿的身心发展规律构建常规,同时尊重幼儿的意见,创建幼儿的主体意识。班级的一些规则可以邀请幼儿讨论、制定,提高幼儿的参与性、主动性。幼儿拥有一定的责任感和权力更容易接受和执行一日活动中的规则,如图 4-1 所示。

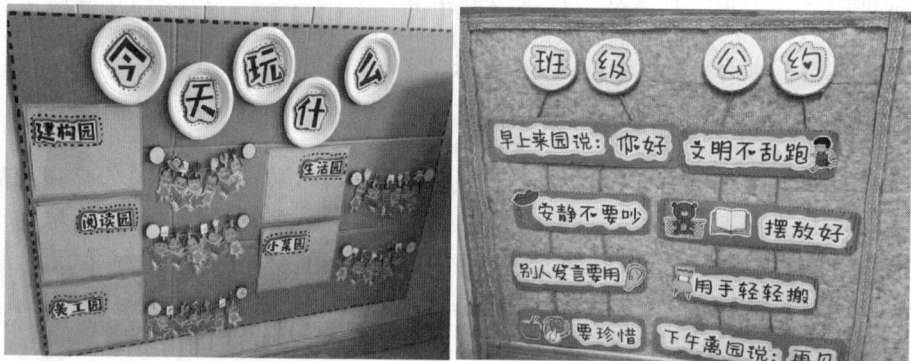

图 4-1 符合年龄特点的规则

3. 重视一日活动中各个环节的常规培养

一日活动各个环节的常规培养联系起来才能使幼儿在园的一日活动井然有序、过渡自然。显然幼儿园的每个环节都很重要,但每一环节的过渡也不能遗忘。注重一日活动的各个环节的过渡,合理安排自然转化环节,减少幼儿不必要的等待是保证一日活动时间的基础。教师只有树立这样正确的认识才能用正确的教育理念面对每一个环节。

4. 利用榜样的力量和示范作用

模仿是幼儿学习的一种方式。教师的行为举止容易被孩子学习,因此教师应该以身作则,严格规范自己,规范行为和语言,为幼儿树立良好的形象。在一日活动中,教师要表现出对活动规则的重视和遵守,用自己的言行影响幼儿,让幼儿无形之中受到教师的感染,愿意接受规则的约束,乐意遵守规则。

同时,教师也可以根据同伴对幼儿的影响,对那些接受能力较强、能按照教师要求很好完成活动的幼儿进行鼓励和表扬,让幼儿有一个学习的榜样,这对于幼儿来说具有强有力的说服力。同伴之间的相互影响是最具体、直观的,可以积极促进幼儿形成良好的常规。

5. 保教人员密切配合,持之以恒的培养

一日常规的培养需要集体的努力,教师之间良好的配合是一日常规有效建立的基础。班级保教人员应该对常规要求明确、统一、合理分工。各个活动环节明确统一的要求,使幼儿明白在什么时候做什么、怎么做、为什么这么做,从而使幼儿明白教师的意图,要求幼儿有序、有方法地去完成。按照这个模式,幼儿就逐渐能够在一定时间内形成正确的行为习惯。教师之间也应该明白自己在不同时间段的工作,做好自己的工作,有效的配合更有益于班级工作的开展,促进幼儿良好一日常规的建立。

6. 家园共育,形成教育合力

家庭教育是学校教育不能取代的,对幼儿影响最大,家长是重要的教育力量。合理有效地开展家园共育工作,可帮助幼儿一日常规的迅速建立。教师应该有效利用家长与幼儿之间天然的联系优势,与家长为一个共同的教育目标携手合作。对于幼儿常规教育,教师和家长达成共识,密切配合,要求一致,尽量避免家庭与幼儿园行为习惯的不一致,帮助幼儿建立良好的生活常规。

✦ 本章小结

幼儿园的一日活动既是幼儿接受幼儿园教育的重要载体,也是教师帮助幼儿适应集体生活、促进幼儿社会性发展,使之从自然人过渡到社会人的重要方式。不同幼儿园的一日活动在主要内容安排上总体是相似的,大部分幼儿园在教育内容选择和具体时间节点安排上存在不同,但也都应遵循着科学合理、动静交替、保教合一、以游戏为主要方式的基本原则。教师对幼儿一日活动内容的选择、安排、组织和管理都影响着幼儿的身心发展,通过一日活动,教师观察、掌握、引导幼儿的行为、语言、情绪等,积极发现一日活动中蕴涵着的教育契机,用游戏等幼儿喜爱的方式引导幼儿培养健康的身体、快乐的情绪、良好的习惯和正确的观念,这样才能使幼儿一日活动更有意义,幼儿园班级的一日活动管理更加有效。

实训内容

(1) 对照幼儿园一日活动作息安排,了解和熟悉幼儿在园一天的活动内容和时间安

排、班级教师的组织要求。

（2）学生 2～3 人一组，入班了解一日活动各环节中教师的主要工作、幼儿的主要活动、教师之间的分工和组织。

（3）通过观察，了解不同年龄阶段幼儿的特点和教师在各环节中对幼儿的组织要求的不同。

（4）观察并总结不同年龄段幼儿在一日活动各环节中的常见问题和教师的解决策略。

（5）观察并总结教师如何建立不同年龄段幼儿一日活动常规。

同步练习

（1）简述幼儿园一日活动的概念、主要内容和组织原则。

（2）幼儿园一日活动的组织安排需要注意哪些要点？

（3）一日活动的主要环节包括哪些？

（4）根据一日活动中的任一常见问题设计一篇教育活动教案。

（5）简述一日常规的含义和建立的意义。

（6）从教师的角度来说一说如何建立班级一日常规。

第五章
幼儿园班级安全管理

学习目标

- 了解幼儿园班级安全管理的内涵及重要性。
- 了解、熟悉班级一日生活各环节的安全管理具体内容及指导策略。
- 了解班级意外伤害事故的特点及预防处理。
- 知晓幼儿园离园活动的安全管理指导策略。

任务导入

- 结合所学理论知识,组织学生到幼儿园实地跟岗交流,了解幼儿园一日生活中安全管理的主要活动及内容。
- 对幼儿园园长、教师进行访谈,了解班级安全管理的要点及注意事项,并尝试制订幼儿安全常规培养计划。
- 针对不同年龄段幼儿的安全教育活动案例,开展安全教育活动展示,并在活动结束后写出分析报告。

《纲要》中明确指出:"幼儿园必须把保护幼儿的生命安全和促进幼儿的健康放在工作的首位。"这就表明安全管理工作是所有活动的前提。幼儿由于年龄小,动作发展不健全,同时又缺乏生活经验,故容易发生安全事故。教师在幼儿的一日生活管理中,要充分认识班级安全工作的重要性和必要性,以预防为主,制定并严格落实班级安全规章制度,并将班级安全管理细化落实到一日活动各个环节中,给予幼儿一个安全的环境,以保障幼儿的人身安全与心理健康为重点,积极组织开展符合幼儿年龄特点的安全教育活动,引导幼儿有意识地形成和掌握自我保护安全意识和能力。

第一节 幼儿园班级安全管理的内涵

一、 幼儿园班级安全管理的内涵

幼儿园班级安全管理的内涵是班级教师通过创设班级显性与隐性环境,开展各类安全教育活动,在日常生活中引导幼儿获得和掌握最基本的安全知识技能,增强自我保护安全意识和能力,家园共育保证教师与幼儿身心健康的综合性活动。班级安全管理是幼儿园管理工作中最重要的组成部分,也是幼儿教师开展各项班级活动的前提,我们要明确安全管理的内容与方向,从一日活动方面入手,精细思考、慎重研究,让幼儿健康地成长。

二、 班级安全管理在一日活动中的重要性

《纲要》中指出:"幼儿园必须把保护幼儿的生命和促进幼儿的健康放在工作的首位。"这就指明了安全保护在幼儿园工作中的位置,班级是幼儿在园的主要活动场所之一,也是实施教育教学的主场所。教师要充分认识安全工作的重要性和必要性,才能把安全工作予以细化,落实在幼儿一日活动中的各个环节中。只有给予幼儿一个安全的环境,相应的教育工作才能有序开展。从幼儿入离园接送、晨检、户外活动、生活活动,再到安全隐患的排查,一旦大意疏忽,便有可能给孩子的生命带来威胁。本着对幼儿安全、健康成长高度负责的态度,通过一些有效的管理方法和途径,尽可能避免班级安全事故的发生,增强幼儿的安全意识,提高幼儿自我保护能力,使幼儿掌握避险和安全自救方法,确保其生命安全。

三、 班级发生安全事故的原因分析

(一)幼儿自身原因

1. 幼儿身心发展特点

由于幼儿正处于身心发展的阶段,他们对周围环境事物具有强烈的好奇心和探索欲,但认识能力有限,容易受到意外伤害。例如,发生将异物放入口鼻耳中,存在异物堵塞的危险;对活动中危险事物缺乏预判性,同时,有可能出现安全隐患等问题。

2. 幼儿自我保护意识薄弱

幼儿身体机能发育尚不成熟,自我保护意识和能力较差,缺乏知识和生活经验,对周围环境的危险缺乏预判认识,往往在突发事件来临时无法避免和应对。

(二)教师自身原因

1. 教师自身安全意识不强

班级教师是第一安全管理责任人,教师的安全意识不敏锐,粗心大意,思想松懈,遇到任何事情前,关注不到安全防范方面的问题,例如在美工区投放剪刀时,并未给幼儿做出安全提示,或开展安全使用剪刀的教育活动,随意将剪刀尖口部分摆放在幼儿来回移动的位置。

2. 观察不细致,安全预判能力不足

当教师没有较强的安全敏感性,安全预判能力不足时,在班级安全管理工作无法顺利展开,例如雨后攀爬梯较为湿滑,幼儿爬上去可能导致坠落;教师没能及时发现幼儿的鞋带松开,在活动期间就会容易被别的小朋友踩到,或自己绊倒,发生摔伤事件。

3. 一日活动组织不当

教师教学经验不足,安全知识薄弱,在组织一日活动中,缺乏考虑到活动各个环节的

安全因素或幼儿活动的实际情况,例如午餐环节,因没有考虑幼儿来往取餐路线,极容易发生碰撞烫伤事件;或者在幼儿进餐时催促其加快速度,也可能会造成幼儿噎食、呕吐等问题。

4. 班级安全管理松懈

教师对于同事、家长、幼儿没有强调安全工作,对于班级安全制度和规则管理松懈。例如午睡活动时,教师觉得孩子已睡,就放心埋头玩手机,幼儿发热没有及时发现,把异物塞在鼻孔内也没加注意;幼儿喜欢在卫生间玩水,教师并没有在旁引导或提醒,幼儿容易弄湿衣物,滑倒在地,发生磕碰等安全事故。部分教师对自我言行举止管理松懈,使用不当的语言,会对幼儿会造成心理压力及伤害。

5. 交接工作不到位

班级交接工作分为教师与家长之间,教师与教师之间这两种,交接内容可以是孩子的状态、特殊事件、卫生保健工作、班级安全隐患、家长工作等。例如,两名幼儿在户外活动时撞到,一名幼儿摔倒大哭不止,教师安慰后幼儿情绪稳定,但并未检查,中午值班教师也并未与搭班进行交接与交流,下午这位幼儿一直哭闹不止,放学后,家长带去医院后才发现幼儿手腕骨裂。

第二节 幼儿园班级一日生活中的安全管理

一、 班级一日生活安全管理

班级一日生活根据内容不同大致可以分为入园晨检环节、生活活动环节、进餐环节、午休环节、过渡环节、离园环节。其中生活环节包括饮水、盥洗和如厕。过渡环节是各个活动之间的链接与转换。根据活动场所不同分为室内与室外活动,其中室内活动又细化为集体教学活动和区域活动。

二、 一日生活各环节的安全管理内容及策略

(一)入园晨检环节

晨检是学校、幼儿园为加强传染病的预防和控制而采取的措施,旨在早期发现传染病患者。晨检活动是对幼儿的身体进行检查,不但能为幼儿的身体健康提供保障,也维护了其他幼儿的健康。如在传染病及流行病高发季节,严格的晨检工作会有效降低幼儿传染病发病率。

1. 晨检环节对于班级安全管理的重要性

每一天,幼儿在幼儿园的生活都是从"晨检"开始的。晨检工作处于一日生活各环节的首位,是非常重要的地位。由于幼儿缺乏自我保护意识,他们会将一些相对危险的物品带到班级,如小彩珠、硬币、玩具等,有些没生病的幼儿也会带药丸、冲剂等,这时,晨检环

节的开展就能有效消除很大一部分的安全隐患。虽然晨检的时间较短,但也要做精、做细,可以及时预防疾病传播。

2. 入园晨检的主要内容

幼儿园晨检第一步由保健老师在幼儿入园时进行检查询问,并发放健康牌。幼儿到达班级后,由班级老师对其进行二次晨检,主要内容包括一问、二看、三摸、四查、五登记。

一问:询问幼儿有无头痛、头晕、腹痛等不舒服的情况。

二看:观察幼儿的精神面貌与身体状况是否良好,有无异常现象。

三摸(测量):测量幼儿体温是否正常。

四查:查看孩子口腔与双手是否干净有无异常,指甲是否过长,口袋书包内是否携带有安全隐患物品及玩具入园,衣着是否整洁,等等。

五登记:及时登记幼儿当时情况及体温。

3. 晨检环节中的安全管理指导策略

(1)班级值班教师提前入园,开窗通风并做好室内外卫生消毒清理工作。配合保育老师摆放口杯毛巾并且排查班级设施有无存在安全隐患。

(2)对每个入班幼儿认真测量体温,超过 37.3℃的幼儿要重复测量,并持续关注幼儿状况。

(3)观察幼儿面色、精神状态等,传染病的早期表现,咽部、皮肤有无皮疹,发现问题迅速处理。

(4)教师早上晨检时平视幼儿打招呼,检查幼儿所有口袋,如有不符规定的物品,由教师放到固定位置代为保管,可在放学后归还。

(5)提醒家长给幼儿穿着利于行动的衣服,老师可以在群内分享穿着舒服衣物图片。

(6)清点幼儿出勤情况,并做好记录,对于未入园幼儿,及时沟通原因。

(7)晨检结束后,教师与幼儿开展晨间谈话,便于及时了解幼儿情况。

(二)生活活动环节

1. 生活活动的主要内容

班级生活活动主要包括如厕、盥洗和饮水环节。对幼儿来说,这些是一天中最为频繁的活动,进餐前后,如厕前后,游戏前后,起床前后都需要洗手或饮水,越是年龄小的幼儿,所需时间就会越长。

2. 生活活动的安全管理目标

生活活动是培养幼儿自理能力的最有效途径,引导幼儿在盥洗、如厕时能自觉排队等候,用肥皂洗手,节约用水,有序取放自己的毛巾和杯子。

3. 生活活动的安全管理指导策略

(1)在班级内,运用距离标识线。例如,幼儿排队喝水时,教师引导并提醒幼儿,站在标识线上,保持一米距离,培养幼儿的规则意识和排队意识。

(2)卫生间的水龙头总水阀可适当减小些,提醒幼儿正确使用水龙头,及时开关。张贴七步洗手法流程图、节约用水等图示,发挥环境熏陶作用,同时提醒幼儿有序安全洗手、正确洗手。

(3)组织幼儿分性别如厕,留心观察幼儿如厕是否需要帮助,每次去如厕的幼儿不宜过多,小心幼儿因拥挤而滑倒摔伤。日常活动中对幼儿进行简单性教育活动,保证幼儿心理健康。

(4)教师指导保育员在幼儿如厕前和幼儿离厕后及时冲刷便池,保持便池干净,整理卫生间,将肥皂、毛巾、手纸整理整齐,冲洗洗手池,擦干地面,清理水渍,以免地面潮湿,滑倒幼儿,保证幼儿安全。密切关注每个幼儿的如厕过程,除规定的时间如厕外,其余的活动时间都可如厕,必须有老师跟随,个别幼儿特殊情况可随时如厕,如拉肚子幼儿,如厕后教师要及时观察并向家长了解具体情况。

(5)幼儿在盥洗和喝水时,一名教师陪同,教师要关注幼儿,对聊天、打闹、拿着杯子乱跑的幼儿及时加以提醒和引导,为幼儿准备温度适宜、足量的白开水,需要提前整理盥洗室,保持室内干燥和整洁。提醒幼儿用正确的方法端取口杯,接适量的水,幼儿喝完杯中的水后将口杯轻轻放在固定位置。

喝水安全儿歌

排好队,去喝水。

先他人,后自己。

取到杯,再接水。

喝多少,接多少。

慢慢喝,别呛着。

安全饮水很重要。

(三)进餐环节

1. 幼儿进餐环节的意义

进餐环节包括进餐前的准备活动,进餐中的安全常规要求,和进餐后的消食散步活动。幼儿进餐环节,是教师对幼儿进行饮食营养教育的重要途径。

2. 幼儿进餐环节遇到的安全隐患问题

幼儿用餐时的不良习惯是导致事故发生的主要原因之一,如有些幼儿习惯用手抓饭或将残渣丢到地上等。这些细节看似微不足道,却都关乎幼儿的健康和安全。

(1)有些幼儿喜欢边吃边说,东张西望,容易呛到自己。

(2)在进餐端饭过程中,幼儿有时会互相碰撞,把油腻腻的菜汤泼洒在地,如果不及时清理,会导致幼儿滑倒事件的发生。

(3)刚端进班级的饭菜汤比较热,如果不注意摆放位子,易造成幼儿碰撞烫伤事件。

(4)幼儿坐姿不正确,双脚叉开或者离其他幼儿过近,餐后追逐打闹,很容易绊倒或戳伤别人。

3. 幼儿进餐环节的安全管理指导策略

(1)每次进餐活动前,要准备 15 分钟的餐前引导,在进餐环节中依据科学的方法组

班级进餐环节

织幼儿进餐,关注幼儿的进餐心理健康。

（2）培养正确进餐方法:细嚼慢咽,不用手抓菜,不争吃第一和吃得最多。

（3）进餐前,教师要注意将饭、菜、汤等放在幼儿不易触及的适宜的位置。

（4）分餐时,要求幼儿不把手放在桌子上,教师要掌握幼儿进食量,不训斥催促幼儿。

（5）在班级内共同设定进餐时固定路线（如逆时针从后到前）进行活动,当幼儿能围绕在固定的线路上,就不会出现交叉现象,以避免人为的碰撞。

（6）进餐过程中,教师应分工合作,分别负责添饭、组织、观察引导工作,不做扫地、擦地、铺床等其他工作,注意吃饭时的卫生。

（7）饭后擦嘴,漱口,防含饭不安全,防蛀牙,清洁口腔以达到预防龋齿的目的。

（8）餐前餐后半小时不做剧烈运动。

（四）午休环节

1. 幼儿午休活动的意义

午休环节包括睡前自我整理,独立入睡和起床活动。幼儿经过上午活动后,产生的疲劳和困倦,需要一个合理有效,不少于 2 小时的午休活动,能够促进幼儿的生长发育和机能发展,使幼儿恢复体力和精力。午休环节的幼儿一般是安安静静,不吵不闹的状态,却是教师们容易放松警惕,导致安全意外事故的发生。

2. 午休活动遇到的安全隐患问题及原因分析

（1）由于幼儿的安全意识非常薄弱,喜欢将小物品小配饰等偷偷带进被窝,如发卡、糖果玩具等。

（2）部分幼儿睡觉时有蒙头睡或趴着睡觉的不良睡姿,这些不良睡姿容易造成幼儿窒息。也有幼儿习惯蹬被子、裸露胳膊等,会容易着凉感冒。

（3）有些班级午饭后马上就进行午休活动,有可能导致幼儿食物回流。

3. 午休活动的安全管理指导策略

（1）饭后活动很重要,教师们可以带孩子进行散步和简单的游戏,帮助孩子消食。注意不要过于激烈,会让孩子变得更加亢奋不易入睡,也会影响孩子的胃部消化功能。

（2）孩子午睡的时候,值班老师要负起责任,巡查时做到四步防护:一听、二看、三摸、四做。"一听",听幼儿的鼻翼与呼吸是否正常,有无喘粗气现象;"二看",观察幼儿面部有无异常,有无类似于蒙头睡、俯卧睡、趴睡等不良睡姿,巡查小玩具、小零件收起来,以免孩子含在嘴里玩耍,巡视室内有插座或其他电子设备,应立即关闭;"三摸",摸摸孩子手心与额头的体温;"四做",对于尿多的幼儿应提醒其小便,班里有没入睡的孩子需要有具体的处理办法。

（3）起床后教师与幼儿进行简单交流问候,随后有秩序、分步骤组织幼儿起床,鼓励幼儿自己整理床铺。

（4）起床后,观察幼儿的精神状态和检查身体情况,及时用额温枪测温,并做好午检记录。

叠衣服儿歌

衣服展开来，
小门关关紧。
双手抱一抱，
衣服叠整齐。

1 伸伸手　2 左抱抱　3 右抱抱
4 弯弯腰　5 变一半

案例分析

危险的礼物

情景再现：爷爷在妙妙四周岁生日时送给她一条珍珠项链,妙妙很喜欢。她想把项链带到幼儿园给她的好朋友看,于是早晨入园时妙妙把项链放在了口袋里。午睡时趁着老师没有发现,她躺在床上偷偷地把项链给了晴晴,晴晴在被窝里无意中就把项链揪断了,还把一粒珍珠塞到了鼻子里,自己也拿不出来,晴晴急得大哭起来,老师发现了赶紧将其送到医院后取出,这才化险为夷。

原因分析：教师晨检时对幼儿的检查或者提醒不足,导致幼儿将看似安全的项链装在口袋;幼儿日常安全教育渗透不够,缺少自我保护意识;教师没有和家长沟通好,不携带贵重物品、尖锐或者太硬的物品入园。

建议与对策：教师和家长做好沟通工作,幼儿入园的注意事项和家长与家庭成员相互交流,家人之间遵守约定,不给孩子穿戴危险物。教师加强二次晨检,及时发现幼儿携带的物品是否安全,用语言引导幼儿将物品放到指定位置。在一日生活中,教师加强安全常识教育,增强幼儿安全意识,引导幼儿正确表示自己的喜欢。

（五）过渡环节

1. 过渡环节的意义

《纲要》中规定:"科学合理安排和组织幼儿一日活动,尽量减少不必要的集体行动与过渡环节,减少和消除消极等待的现象。"过渡环节是一日生活的轴承,起着重要的衔接和过渡作用。一个活动和另一个活动中间的衔接部分就是过渡环节。例如,如厕活动前后,户外活动前后,早操活动前后等一系列活动,都可以归到过渡环节。过渡环节不仅满足了有节奏替换日常教学活动的需要,而且满足了幼儿日常的身心活动的需要。

2. 过渡环节中实际遇到的安全隐患问题

（1）结束一个活动时,会进行如厕、整理、游戏的过渡活动,有的幼儿能力强,提前完成,在教室内无所事事或追逐打闹。

（2）活动要求整齐划一,幼儿消极等待,无所事事,造成过渡环节时间浪费。

（3）当室内外活动交替时,幼儿较为兴奋,在上下楼梯时出现推挤打闹,从高处蹦下的危险行为。

3. 过渡环节安全管理指导策略

（1）过渡环节的组织可以轻松自然，组织幼儿选择一些易操作的小游戏或者音乐律动，让幼儿有事可做，大幅减少追逐打闹的现象。

（2）在一些时间较长，事情较多的过渡环节中，可以通过唱歌、游戏、边收玩具来和谐地进入另一项活动，同时避免过度刺激活动，有效提高幼儿安全管理的有效性。

（3）上下楼梯时，引导幼儿靠右走不打闹，教师分别站在队伍两头，组织幼儿有序站队再下楼。

（4）上下楼梯时，提醒幼儿手中不拿重物，以免重心不稳或者遮挡视线，把走得不稳、能力弱或者活泼好动的幼儿安排在教师的身边。

（5）组织幼儿到户外前与活动后都要清点人数，以防发生幼儿走失事故。

（6）过渡环节中，教师更要加强巡视，及时预见有可能发生的安全事件。

上下楼梯安全歌

一二三四五六七，小朋友们上楼梯；

向右走呀不拥挤，一个跟着一个走；

小手扶着小栏杆，一级一级往上走；

七六五四三二一，小朋友们下楼梯；

向右走呀不拥挤，一个跟着一个走；

小手扶着小栏杆，一级一级往下走；

上楼梯呀下楼梯，安全第一要牢记！

上下楼梯安全
指导

（六）离园环节

1. 离园环节的意义

幼儿一日生活的结束就是离园环节，组织好离园活动不仅是教师必备的技能，更是家长了解幼儿在园生活的重要途径。教师在离园活动的安全管理和安抚幼儿情绪问题就尤为重要。

2. 实际中遇到的安全隐患问题

（1）在离园时，幼儿情绪控制与自我调节能力不稳定，易兴奋激动；当班内只剩几位幼儿没有被接走，情绪表现会变得焦躁不安。

（2）在离园整理物品环节，幼儿容易急躁而导致没有收纳物品或错拿错放。

（3）家长相对比较集中，容易发生混乱拥挤，已接到幼儿的家庭无法及时离开。

（4）家长有事临时通知亲戚、朋友、邻居或者未成年人来接，教师无法确认来访人信息。

（5）幼儿离开时，并未与同伴老师之间礼貌告别，喜欢与同伴恶作剧，容易发生争执、碰伤等安全事故。

3. 离园活动安全管理指导策略

（1）离园前，一位教师可以进行较安静的谈话活动，和幼儿总结分享一天发生的事，另一位教师负责帮助幼儿整理物品，检查幼儿衣物是否穿着得当。

（2）要准确识别家长，亲自将班级中的每一位幼儿交到其家长手里，确保交接安全。如果临时有陌生人来接，必须进行电话或其他可信方式的相关确认。

（3）离园时，班级三位教师要全部在岗，分工明确。如果需要有单独沟通的家长，要等到孩子接完后再个别谈话。

（4）如当天发现班级内有生病、异常表现的孩子，需立即电话向家长详述孩子的具体情况，并提出具体解决方法。

（5）提醒幼儿不要忘记离园礼仪，主动与老师同伴说："再见！/明天见！"

三、 幼儿园各活动区域中的安全管理

（一）室内活动

室内活动根据组织形式不同，按照集体性和自主性的特点可以分为集体教学活动和区域活动。

1. 集体教学活动

集体教学活动是教师有目的、有计划地组织全班或多数幼儿进行的集体性学习活动，以促进幼儿之间分享交流，引导幼儿主动探索，强化学习体验，时间较固定，活动组织比较紧凑严密。

2. 集体教学活动中存在的安全隐患

（1）教育活动材料的准备没有考虑到安全性，有类似容易被幼儿误吞的东西，容易挫伤的刀具利器等。

（2）桌椅摆放杂乱，对幼儿无正确使用椅子的常规要求，例如幼儿坐椅子时会前后翘动，在搬动板凳或桌子的过程中夹到手，拥挤碰撞摔伤。

（3）活动过程秩序混乱，忽视活动前安全教育与活动后组织管理。

3. 集体教学活动中的安全管理指导策略

（1）教育教学活动是在室内的集体学习，随着组织每种学习形式的不同，要有不同的内容和要求安全教育。例如：活动前进行安全教育，引导幼儿了解互相谦让、不挤不撞、不咬人、不打人的班级常规。

（2）活动中关注到所有幼儿，随时进行安全提醒，对突发的事件有应对处理预案。

（3）根据活动目标，提前准备满足于每个幼儿所需的材料。

（4）高效利用楼梯和走廊标注安全标志，做好防滑处理。

（5）班级集体教学活动区域地面贴上桌椅摆放标志点，有利于幼儿直观记忆。

（6）活动结束要展开评价，认真总结经验。

4. 区域活动的意义

区域活动是教师与幼儿一起按照自己兴趣和意愿，有目的、有计划地创设各种活动区，投放活动材料，幼儿可以通过分组或个人操作、摆弄、讨论等方式进行自主学习的活动。区域活动的安全管理可以分为三类，分别是区域空间的布局方面、区角材料的投放方

面,以及废旧物品的回收利用方面。

5. 区域活动中存在的安全隐患

(1)材料投放没有考虑到数量问题,幼儿争抢玩具材料拥挤、吵闹,导致抓伤和咬伤。

(2)区域空间布局不合理,造成幼儿随意在区域里追逐打闹,很容易摔伤。

(3)材料投放提供过小的珠子、塑料颗粒,有可能会造成异物进入口鼻;提供木制玩具没有经过打磨,有尖锐棱角。

(4)自制废旧材料,取材方便,但是在收集废旧材料的过程中,很多时候不经过消毒与清理被教师直接投入使用,会引发各种疾病。

(5)幼儿频繁更换区域进行其他游戏,在更换过程中,容易出现绊倒摔伤等事故。

6. 区域活动的安全管理指导策略

首先,科学、合理地设置区域活动空间,鼓励幼儿大胆交流,自由选择。每个区域之间留出足够的通道,保证换区域时减少碰撞概率,保持通畅,每个区域之间要有通透性的隔离环创。例如,镂空的 KT 板,这样会在无形中限制了幼儿的跑跳与追逐,也方便老师关注到班上的每一个幼儿;区域中的电源插座要有固定物遮盖,避免幼儿触碰。

材料投放时应注意玩具材料的安全、无毒、表面光滑等特点,金属制的玩具要检查材料的牢固程度,颗粒制品需要考虑幼儿年龄特点,投放足够大的材质。同时提醒幼儿养成随时用完即归还的好习惯。在每次活动前示范正确使用剪刀、锤子等工具的方法,提醒幼儿注意安全使用工具。

废旧材料活在使用前难免会有残留物和细菌,要经过严格的清理和消毒,要确保废旧物品的卫生与安全。老师进行剪、拼等二次加工的时候,确保不会出现尖锐的边角。

(二)室外活动

《纲要》中明确指出幼儿园要"开展丰富多彩的户外游戏及体育活动,培养幼儿参加体育活动的兴趣和习惯,增强体质,提高对环境的适应能力"。户外活动是幼儿身体运动最集中的时间,能够发展走、跑、跳、钻、爬等发展幼儿基本动作的活动。由于户外活动的场地比较大,会增加教师安全管理难度。

1. 户外活动中存在的安全隐患

(1)幼儿与同伴之间玩耍时,喜欢在操场追逐打闹,但由于幼儿安全意识淡薄,身体力量控制不强,往往出现无意识的伤害。

(2)幼儿的穿过于宽大的衣物或不合脚的鞋子,衣物袋有很多绳带或尖锐配饰,在幼儿奔跑过程中,很容易绊倒卡住造成摔伤扭伤。

(3)幼儿在使用游戏器械时,没有规则意识,例如玩滑梯时从下往上爬等。

(4)教师事先没有检查活动场地是否平整,有无碎石、低洼处;器械是否破损,螺丝缺失。

(5)运动时缺乏规划性,导致幼儿运动过量或者没有达到运动时间与质量标准。

2. 户外活动的安全管理指导策略

（1）户外材料准备要充分、丰富、供幼儿选择和更换。

（2）自由分散活动不等于"放羊"，教师没有明显的组织，但不等于没指导，教师要认真观察有关活动，对孩子的活动做到心中有数。

（3）班级 3 位教师的站位要明确分到具体点位，负责不同活动区域的幼儿。

（4）活动前做好准备活动，对幼儿提出安全和相应的游戏常规要求，并说明活动的范围。

（5）室外活动前检查幼儿服装、鞋裤，对不符合要求的衣物可以为幼儿及时更换。

（6）教师注意观察幼儿运动量、出汗量及时长。

（7）活动结束要集结队伍，清点幼儿数量。

幼儿班级
户外活动

安全教育儿歌——滑滑梯

玩滑梯，做游戏，
不要推人倒在地。
坐稳扶好向下滑，
滑下滑梯才站立。
伙伴下滑我等待，
文明谦让我懂礼。

四、 班级内物品安全管理

《规程》中指出，幼儿园应当将环境作为重要的教育资源。班级环境影响着幼儿社会性生活的学习。班级里存放着各种物品和玩具，幼儿们用它们进行生活和游戏。例如，存放杂物书籍的放置柜，以及用于教育教学活动的电脑多媒体、各类音像电子产品等。这些产品在学习生活中随处可见，幼儿们也天天和这些物品接触。如果在放置物品的时候没有考虑到考虑幼儿的活跃性和好奇心，随意摆放在教室里，就存在意外情况给幼儿造成或浅或重的伤害。

1. 实际中遇到的安全隐患问题

（1）幼儿在这个年龄段有强大的好奇心，并且喜欢登高，班级里存放的盒子箱子放到了幼儿能够踮着脚触摸到的地方，也是安全隐患的一大来源。

（2）教师在给保温桶内打好热水后忘记盖上或扣紧桶盖，在幼儿接水过程中，有可能会烫伤幼儿的皮肤。

（3）班级有许多用于教学的电气设备，如多媒体、计算机、录音机以及遥控器等，这些电器的电源接口和电池是一大危险源。

（4）教师对于班级物品没有归类摆放标志，幼儿游戏过后无法明确物品摆放位置。

2. 班级物品安全管理指导策略

（1）物品摆放划分区域，幼儿生活区内不摆放与幼儿无关的物品，有利于建立幼儿分

类的意识。例如,盛放教师环创材料箱子,工具,摆放在单独办公室内或者固定在高处柜内,如果临时需要,在使用完毕后一定及时清走。

（2）教育幼儿正确使用尖利物品,让他们懂得尖利物品带来的伤害。

（3）班级所有物品借助标志贴,有利于帮助幼儿感知标志图片内容——对应的关系,并对物品的取放、收纳有深刻的理解。

（4）教师要按时开展安全教育活动,对幼儿开展班级物品摆设、环境卫生等常规性教育活动。

（5）定期进行安全检查,及时排查班级桌椅板凳,电器插座,门窗卫生间有无安全隐患。

（6）触电风险和电池误食是一大安全隐患,所以应该要对每一个电源口,插座街头用固定物遮盖或锁住,做好防护措施。

安全教育儿歌——小剪刀

小剪刀,手中拿,

张开嘴,笑哈哈。

咔嚓嚓,咔嚓嚓,

吃饱了,合上嘴。

握住尖尖小嘴巴,

送回小筐睡觉了。

五、 教师在一日活动中实行班级安全管理的有效策略

1. 预防工作放首位

凡事预则立不预则废,预防就是运用合理的方式,把可能发生的事故消灭在萌芽状态,控制不安全因素的发展,"安全第一,预防为主"这是幼儿园安全管理的特殊性,也是安全教育的工作指导方针。

（1）教师心理预防是班级安全管理的第一要素。教师首先要具有职业安全意识,对安全工作有正确认识,这是做好班级安全管理的源头。对于班级容易发生的几类意外事故,教师要做到心中有数。

（2）班级安全规则、活动预案是重要保障。幼儿园班级也是一个集体,是包含教师、幼儿、家长的一个小社会组织,教师要依据园所的各项安全管理制度,结合本班实际情况建立班级生活管理规则,这些规则制度根据对象不同,制定重点也不同,例如对教师的规定是饭菜进入班级后,应该由专人专责专管,班级里的储藏室应随时关门等。对家长的规定是不给幼儿穿戴尖锐的头饰和胸饰,不佩戴贵重的首饰,勤剪指甲保持卫生等;对幼儿的规定是不能乱吃喝没有生产标志的东西,上下楼梯靠右行等。通过教师开展的安全教育活动,让幼儿的一日活动可以在一定的规则下顺利开展,也可消除幼儿间攻击性行为等安全隐患。教师在制定班级常规时,要考虑本班幼儿现有能力和水平,有些规则可以让大班幼儿共同参与制定,规则的内容要明确,而且要简单易行,这样可以给幼儿提供实践的

机会,让他们更清晰地了解知道规则的重要性、必要性及操作要领,并懂得规则执行的意义。另外,在班内园里有比较重大的庆祝活动时也最容易发生事故,例如六一儿童节、亲子运动会。所以每次要举行重大活动前要进行周密的方案设想,不仅要准备活动内容、方法,还要多想场地、规则和可能存在的事故隐患,制订相应的预想方案,最好把班级安全工作方案以有效的宣传方式传递给家长,让家长对活动流程做到心中有数。3 位教师做到人员分工明确,随时关注个别特殊幼儿,对应急处理程序了然于心。

（3）排查防护是关键。教师要有敏锐的眼睛,善于发现危险因素,这就需要教师日常做一位"有心"之人,有情况早发现、早解决。例如,定期巡视班级内的设施设备、门、窗、电器、桌椅、多媒体、电子琴、消毒柜等,如有损坏或不安全的因素,用醒目的标志做好记录,同时反馈给后勤园长,并及时采取措施。这些举措不仅保障了班级的正常活动的开展,也能有效减少事故的发生率。

2. 开展多种形式的安全教育工作

教师可以通过多种类型的一日活动,让幼儿在活动中保护自己,让幼儿形成自我保护意识和自我保护能力,逐渐形成安全意识。我们在班级安全管理中,将安全教育工作细分为显性教育与隐性教育,根据实际情况不断调整,使教师的教育管理更贴合班级实际需要,真正深入幼儿心中,落实到幼儿的行动中。

（1）显性安全教育

将安全教育渗透在教育教学活动中。教师通过游戏、学习、实践活动等方式开展适合本班幼儿年龄特点的安全主题及安全教育活动,如交通安全、消防安全、玩具安全、防触电、防溺水教育,对于这类专门的安全教育活动,可以在活动后开展安全宣传活动,请幼儿当宣传员,讲解安全展板;组织幼儿进行安全模拟演习活动,面对危险情境的模拟,幼儿可以深刻感受到危险的存在,从而提高幼儿预见危险、排除危险、保护自己的能力。

（2）隐性安全教育

环境创设时增加安全教育的主题内容。教师在布置班级环境时,可以考虑让幼儿自己绘画的方式,制作安全标志图,例如在插头处贴上标记警示不要触摸;在滑滑梯上贴依次排队等,这样使他们自己提醒自己规范行为。将游戏、锻炼、行为等安全规则隐含于环境之中。当然,教师也要注重幼儿心理健康,积极为孩子创设安全、快乐、温馨的精神环境,让孩子得到情感上的安全和信赖。

合理利用家长资源作为安全教育推手。家长作为班级安全工作的支持者与合作者,应当承担保护幼儿安全的责任。作为教师应当积极与家长的沟通,让家长走进班级,为安全教育出谋划策。

3. 细节与总结是安全管理工作的重中之重

"细节"就是教师的精细化班级安全管理。教师在一日活动中与孩子接触时间最长,应对自己班的每个孩子的情况做到了如指掌,要做到每一位幼儿都在"眼皮底"下,做到"放手不放眼,放眼不放心"时时刻刻留心幼儿的变化。例如,每年的新生入园时,幼儿情绪会很不稳定,教师可以给新生身上明显处贴上姓名牌,将幼儿照片贴在点名册上,随时点名,这样会加快教师与幼儿的熟悉。

"总结"是降低事故发生的最佳途径。教师在日常工作中要注意养成收集事故案例的习惯，与搭班教师召开安全活动会，针对每个事故的特点，发生原因进行分析，展开讨论，从中吸取经验以做到引以为戒。班级安全管理是一种动态管理，不是一成不变，它是不断发展与变化的，因此，我们要总结安全管理办法与经验，不断摸索新的规律，使班级安全管理不断上升到新的高度。

资料链接

英国的《儿童十大宣言》

一、平安成长比成功更重要

教育儿童人人有若干权利，如呼吸权、生命权、隐私权。这种权利，任何人不能剥夺。告诉儿童，任何人也无权剥夺儿童的安全权。安全重于一切。

英国《儿童十大宣言》

二、背心、裤衩覆盖的地方不许别人摸

儿童应当知道身体属于自己，自己的某些部分应被衣服所覆盖，不许别人看，不许触摸。儿童有拒绝亲吻、触摸的权利。

三、生命第一，财产第二

告诉儿童，遇到暴徒时，有权获得朋友的帮助或坚决拒绝暴徒的要求。许多暴徒表面凶狠，内心却很胆怯，许多儿童齐心协力，一齐高喊"滚蛋"，通常能把坏人吓跑；万一遇到身体威胁，儿童身小力薄，一般只能向坏人屈服。有时，孩子们会担心被坏人抢去财产、自己回家挨打受骂。例如，有的孩子会想："如果坏人抢了我的自行车，父母准会打死我。"应告诉孩子，他们的身体安全，比自行车重要得多。

四、小秘密要告诉妈妈

向孩子保证，无论发生什么事情，只要孩子向父母讲明真情，父母都不会怪罪，而且会尽力帮助孩子。当儿童向大人说实话时，他们应被充分信任。大人应当信任儿童并及时帮助他们。例如，在性骚扰事件中，如果儿童向大人诉说，而未得到信任，这种骚扰会长年累月持续下去。

五、不喝陌生人的饮料不吃陌生人的糖果

有权不听陌生人的话，不喝陌生人的饮料，不吃陌生人的糖果。有权对毒品、烟酒说不。

六、不与陌生人说话

孩子有权不和陌生人说话。当陌生人与孩子说话时，孩子可以假装没听见，马上跑开。陌生人敲门可以不回答，不开门。告诉孩子，对陌生人不理睬是对的，小孩没有能力帮助陌生人。大人不会认为这是不礼貌的。

七、遇到危险可以打破玻璃破坏家具

为了保护自己，儿童有权打破所有规章与禁令。告诉孩子，在紧急时，他们有权大叫、大闹、踢人、咬人，甚至打破玻璃，破坏家具。司马光砸缸就是典型事例。

八、遇到危险可以自己先跑

遇到坏人、地震、大火，孩子应当果断逃生，拔腿就跑，自警、自救、自助，可以不要等大

人的指示。

九、不保守坏人的秘密

告诉儿童，即使他曾发誓不告诉别人，但遇到坏人欺负，一定要告诉家长，这些秘密千万不要埋藏在心里。

十、坏人可以骗

遇到坏人，可以不讲真话。机智应对，才是好孩子。

第三节 幼儿园班级意外伤害事故管理

一、 班级幼儿意外伤害事故的界定

班级幼儿意外伤害事故主要是指幼儿在教师组织的 一日生活各环节中，突发性，没有征兆的偶发事件，并对幼儿造成一定的人身或心理伤害。造成班级意外伤害事故发生的原因是多方面的，其范围、种类比较复杂，既有来自幼儿本身的原因，也与教师的保育、教育以及幼儿园管理等因素密切相关。

二、 班级幼儿意外伤害事故的特点

（1）特殊性：从伤害发生的对象分析，班级内男孩的精力较之女孩更为活泼易动，所以更容易发生意外伤害；从伤害发生时间地点统计，较多发生在户外活动时间，特别是大型玩具场所。

（2）突发性：意外事故具有突发性，没有任何征兆。

三、 班级幼儿发生意外伤害事故的原因

1. 由于幼儿自身原因引起的意外事故

（1）幼儿生理方面的原因。幼儿由于各项身体机能还未完全发育，在动作及感知觉的协调能力方面相对不熟悉，神经系统比较脆弱，运动水平低下，因此，在走、跑、跳、钻时容易发生磕碰，跌倒等意外事故。

（2）幼儿心理方面的原因。幼儿对于参加活动拥有很强好奇心和探索欲，但是自我保护意识薄弱，对游戏活动潜在的危险不能做出正确判断。

2. 由于班级教师自身原因引起的意外事故

（1）教师在组织幼儿一日生活中，存在麻痹思想，活动的组织管理不够谨慎细致。也并未计划准备规范有效的安全措施，同时未能及时关注幼儿的状态，任由幼儿自由玩耍，致使幼儿在活动中出现意外伤害事故。

（2）教师的安全意识薄弱，对保护幼儿安全的重要性缺乏认识，班级安全教育活动相

关内容过少或不适用。

3. 由于幼儿园原因引起的意外事故

（1）部分园所的安全管理制度不健全，没有制定突发事件应急预案，导致班级安全工作无章可依。

（2）很多园内设施不能做到按照制度检修，造设施老化陈旧，存在安全隐患，容易引发意外伤害事故。

（3）不注重针对教师和幼儿的安全活动培训，掌握安全应急技能。

四、 班级幼儿常见意外伤害事故的类型分类

1. 幼儿活动中磕碰事故

幼儿在活动中很难对自己的行为进行有效的控制，幼儿活动时不小心绊倒，相互之间的碰撞以及其他的伤害都是不可避免的。一般幼儿在教室、楼道、走廊内、上下楼梯时，也是幼儿园容易出事故的地方，意外摔倒后会有如磕破、跌倒、摔伤、擦伤、崴伤、骨伤等。

2. 因设施设备引起的伤害事故

教师缺乏对活动器械的日常检查与更换，没有及时发现存在安全隐患，在幼儿进行活动时，就很容易发生特殊外物伤害，如尖锐物扎伤、热水烫伤、将细小物塞进口腔异物、鼻出血等。

3. 幼儿与同伴争抢事故

在幼儿阶段，"同伴交往与游戏是密不可分的，游戏是同伴交往的主要形式"。幼儿在与同伴交往过程中，难免会出现突发人为意外伤害，一般可分为挖、咬、打、踢、抓等行为。

4. 班级组织大型活动中的事故

在班级内，一年会有几个需要特别庆祝的节日，如果教师事先并未经过严密构思组织活动，导致活动组织混乱，最易造成重大伤害事故，如走失、火灾、暴击伤害、惊厥等安全事故。

五、 幼儿意外伤害事故的预防与处理

1. 提高幼儿安全自我保护意识

可以将日常生活中经常遇到的安全隐患或者安全随机教育与孩子进行交流分享，树立儿童良好的安全防范意识，养成良好行为，有效避免伤害。例如，走路向右行、吃饭不说话等习惯，使幼儿树立良好的生活习惯，从而起到自我保护的作用。

2. 创设安全户外活动环境

在孩子的主要活动场所中要注意孩子活动操场的地面平整度，活动场地的安全性。例如，大型攀登架的衔接处是否牢固，绳索是否松动。玩沙箱用的水池或水缸要严密封盖，使孩子打不开。

3. 开展各类活动,提高幼儿身体素质

合理利用一日生活各环节,创造条件为幼儿进行体育锻炼和体能锻炼。合理组织丰富多彩的体育活动,开展儿童感兴趣的活动,增强幼儿体能,避免和减少意外伤害事故的发生。

4. 运用互联网＋的新媒体技术,加深幼儿印象

运用互联网等媒体平台创设情景,让幼儿在模拟情境中,了解危险的行为、动作并一起分析事故原因危害,共同寻找预防的方法,增强心理承受能力。

六、 班级发生意外事故后的工作流程

(一)幼儿发生轻微意外伤害事故时[①]

如遇幼儿身体皮肤擦伤、抓伤、咬伤、头部肿包等意外事故情况时,不论伤者伤情轻重,都应立即通知保健医生,避免因随意搬动或处置不当而延误、加重伤情。同时在保证其他幼儿安全的前提下,立即报告值班园长。

经保健医生诊断后,属于明显皮外轻微伤害,只需在园内就可处置的,要及时与家长沟通事情的详细经过,并将在园内采取的相关处理措施告知家长。最后教师也要对幼儿进行心理安抚,与班上其他教师就幼儿的事故情况及经过做好交接工作,以便在离园前进行跟踪观察处理。

(二)幼儿发生较严重意外伤害事故时[②]

1. 事件发生,及时救治

当幼儿发生意外伤害事故后,教师应沉着冷静,在保证其他幼儿安全的前提下,第一时间通知保健医生和园长,启动应急预案,决定紧急处理步骤。由保健医生初步诊治、对伤口采取必要的处理措施后,同时电话通知家长,向家长说明孩子的情况,并跟家长商议确定送诊地点,教师和保健医生以最快的速度将受伤幼儿送往医院救治。班级其他教师对幼儿进行安抚,防止幼儿惊吓过度。

2. 送医就诊,全程陪同

(1)教师应全面参与诊疗过程,并主动将事发当时的情况详细向医生和家长进行介绍,保健医生可以主动支付其中的相关费用,注意留存相应原始票据和病历等。

(2)教师应征得家长的同意后为幼儿做一些相关的检查。

(3)在治疗中教师应关注到幼儿的情绪,并主动安抚,使其配合医生的治疗。

3. 信息上报,以备后用

就诊当天回园后,保健医生与当事教师要填写"儿童意外事故处理记录表",并将留存就诊资料共同签字后交给园长审阅并存档。

---

① 指园内即可处理的小擦伤碰伤等。
② 指需要到医院诊治的伤害。

4. 事故回访,安抚家长

教师要在当天到受伤幼儿家里进行探望,对孩子及家长进行精神上的安抚,以表示对幼儿的关心与重视。幼儿在家养伤期间,班内教师与保健医生应坚持定期给家长打电话,询问伤情的恢复状况。

5. 抓住契机,总结经验

教师以本次意外事故作为教育契机,组织幼儿讨论,对幼儿进行安全自护教育,以避免同类意外事故的发生,有助于提高幼儿的安全意识。

第四节　幼儿园离园活动安全管理

一、 幼儿园离园活动对于园所安全管理的意义

幼儿园离园活动是指幼儿在园一日活动的最后一个环节,包括由教师组织进行的一项活动和离园时家长接回幼儿的活动,是教师、幼儿和家长三方共同交流的契合点,也是幼儿园一日生活的重要组成部分,对于幼儿的发展起着重要的作用。

二、 离园活动中存在的安全隐患问题

(一)幼儿方面

(1)离园时幼儿不能有序地进行排队,造成秩序混乱。
(2)上下楼梯时幼儿拥挤造成踩踏事件。
(3)离园时幼儿过于兴奋不能安静地倾听老师的声音。

(二)教师方面

(1)工作分工不明确,离园活动管理差。教师之间没有协调好管理规则,标准不一也会造成疏于班级管理而引起混乱。
(2)在离园活动中,教师不能有效组织起离园活动前的安排,使整个班级秩序混乱。

(三)家长方面

(1)每个年级有固定的接送时间,有个别家长提前来接幼儿时不能有秩序排队、堵在幼儿园门口,从而会影响当前接送年级家长的视线及秩序。
(2)家长过于迫切见到自己的孩子,不能按照引导线进行排队。

(四)园所方面

(1)保安没有警戒性,导致无关人员进入园区,存在安全隐患,比如各种车辆、宠物、

商贩、居民等随意进入幼儿园,

（2）有商贩在幼儿园门口摆摊、张贴广告,造成人员拥挤。

三、 关于幼儿园离园环节现存问题的原因分析

（1）幼儿层面:通常在离园环节,大多数幼儿都已经迫不及待地想要回家,因此往往在教室里难以约束自己安静下来,对教师的管理工作也不听从。幼儿本身就缺乏自制力,如若教师没有有效管理,便可能会造成各种意外事故,不利于班级工作的和谐发展。

（2）教师层面:教师是幼儿园离园环节的主要指导人,管理和协调着幼儿园、幼儿、家长三方的接待工作。在离园活动中,教师也面临着沉重的责任与压力,在离园管理的安排上常常表现得力不从心。

（3）家长层面:幼儿园的离园时间一般是下午四点半,这时间段里大多数家长父母应该还未下班,因此会有不少爷爷奶奶辈的家长来园接孩子回家。老年人群大多比较清闲,往往会提前半个小时左右在外面等候,也会出现一到放学时间点家长就蜂拥而入的情况,根本不按秩序来接孩子,混乱的情况很有可能造成教师无法统计班级人数,无法确定幼儿的人身安全。

（4）保安人员层面:保安人员在幼儿离园前未及时排查园所门口周边的安全隐患和引导家长人员及车辆的疏通停放,造成道路交通混乱、人员拥挤的现象发生。

四、 幼儿园离园活动的安全管理指导策略

（一）保安人员安全管理职责

（1）门卫保安人员要严格执行疫情防控和日常警卫制度要求。离园前做好隔离带摆放、场地清障等工作,维持家长秩序,严防外人进入其中,确保幼儿离园环节规范有序。幼儿离园后立刻封闭大门,严禁外来人员进入园内。

（2）门卫保安按时开大门,维护好幼儿园门口治安秩序,盘查无大人带领的幼儿出园,防止幼儿走失。幼儿离园后要禁止幼儿在园逗留玩耍。

（3）保安人员负责园所门口周边的安全检查,实行 24 小时治安巡逻,对各种异常情况进行观察,并对有危害幼儿及幼儿园的事件及时上报。

（4）做好幼儿入园、离园的治安保卫工作,引导家长把车辆摆放在规定的位置,防止车辆乱停乱放(接送时间校门口禁止停放汽车,以防堵塞交通)。

（5）离园活动前做好清理幼儿园门口小商小贩的工作,劝其离开,若遇到不能解决的问题及时与园所领导联系,确保幼儿园周边道路卫生、畅通、安全。

（二）教师安全管理职责

（1）教师组织幼儿如厕,并引导幼儿检查自己的物品衣物,做好幼儿离园时的管理工作,离园时组织好幼儿有序排队等待,教师喊到名字的幼儿由教师把幼儿双手交到家长手中,方可离园。

（2）热情接待家长，查验接送卡，注意观察幼儿是否跟随家长离园。

（3）晚接的幼儿，教师要对其进行心理疏导，安慰幼儿情绪或转移幼儿注意力，与其家长联系让其尽快来接。

（三）家长安全管理职责

（1）家长配合幼儿园管理安排、配合教师工作，不要过早等候，也不要接孩子后在园内长时间逗留等。

（2）凭接送卡交接幼儿，需要晚接或者托人来接幼儿的家长需提前和班级教师沟通告知。

（3）家长需在隔离带外有序排队接幼儿，不要出现喊叫幼儿名字或插队等容易造成离园秩序混乱的现象发生。

（4）查看班级有无通知，与教师交流幼儿一日活动。

（四）值班园长安全管理职责

（1）对幼儿离园时的各种情况进行观察及指导，可以及时有效地对各种紧急情况作出安排。

（2）幼儿园设置警戒线有效维护秩序。

（3）幼儿园设置警戒线可以将家长有效地隔离在一定区域之外，引导家长单排站于警戒线外，教师可以清楚看到每位家长，并把幼儿安全送到家长手中。

✦ 本章小结

班级安全管理是幼儿园管理工作中最重要的组成部分，也是幼儿教师开展各项班级活动的前提，我们要明确安全管理的内容与方向，从一日活动方面入手，引导幼儿获得和掌握最基本的安全知识技能，增强自我保护安全意识和能力，让幼儿健康地成长。教师在落实班级安全管理工作中，要以预防为主作为指导方针，以教师的心理预防和排查防护作为具体实施步骤，同时要提前制定班级安全规则和活动预案。

教师通过游戏、学习、实践活动等方式开展适合本班幼儿年龄特点的安全主题及安全教育活动，在幼儿一日生活各个环节中渗透安全教育。根据实际情况不断调整和总结，注重细节，使教师的教育管理更加精细化，贴合安全工作实际需要。班级意外伤害事故因其特殊性可能会在班级发生，解决流程为事件发生、及时救治、送医就诊、全程陪同、信息上报、以备后用、事故回访、安抚家长，需要教师抓住教育契机，在日常管理中提高幼儿安全自我保护意识。

👥 实训内容

（1）组织学生进班级了解幼儿园一日生活中安全管理的主要活动及内容。

（2）了解、熟悉班级一日生活各环节的安全管理具体内容及指导策略。

（3）了解班级安全管理的要点及注意事项，并针对不同年龄段幼儿，制定安全教育活动教案,尝试制订幼儿安全常规培养计划。

（4）了解幼儿园班级安全管理的内涵及重要性。

（5）了解班级意外伤害事故的特点及预防处理。

同步练习

一、简答题

（1）简述幼儿园班级安全管理的内涵。

（2）简述班级发生安全事故的原因。

（3）简述入园晨检环节中,教师的主要工作内容。

（4）简述教师在一日活动中实行班级安全管理的有效策略。

（5）简述班级幼儿意外伤害事故的特点。

（6）简述班级发生意外事故后,教师的处理流程。

二、阅读并分析下述案例

案例:户外活动结束后,琪琪兴奋地一路小跑回来,因小朋友没有及时收纳小椅子,不慎被绊倒在地,头部撞在椅背上,致使脸蛋下巴碰伤流血。老师立马抱起琪琪,找到保健老师,马上赶去医院治疗。经医治,琪琪的伤痛消除了,但是遗憾的是,其下巴留下了明显的疤痕,琪琪的爸爸向幼儿园提出索赔。

上述案例反映了什么问题？班级设施设备应该如何摆放,才能尽可能地避免此类问题的发生？

第六章
幼儿园各年龄班的班级管理

学习目标

- 了解不同年龄段幼儿的管理特征。
- 理解新生入园管理的重要性。
- 掌握各年龄班班级管理的策略。

任务导入

- 结合所学的理论知识,组织学生到幼儿园观摩各年龄段幼儿一日活动,了解在生活活动、教育活动、游戏活动、户外活动中,教师是如何进行班级常规管理的。
- 了解当地的幼儿园一日活动安排,详细记录各环节的常规要求。
- 了解各年龄段幼儿的身心发展特点,能针对幼儿身心发展规律,组织幼儿活动。

班级是幼儿园进行保教工作的基本单位,也是幼儿园的基层组织,班级管理的成效直接影响到幼儿园教育目标的实现,影响到幼儿园的总体发展。要实现幼儿园的总体目标,必须要把好班级管理这一关,从点滴做起。在我国的幼儿教育实践中,一般以年龄作为划分班级的主要依据,根据幼儿的年龄划分为小、中、大三个年龄班。目前,随着家长教育意识的增强,孩子入园的年龄逐渐提前,部分幼儿园同时招收 3 岁以下的幼儿,开办全日或半日的托班。本章将根据不同年龄段幼儿的发展特点,对不同班级(含托班)的管理工作进行研究,分析各年龄段幼儿班级管理的特点,并探讨班级管理的有效策略。

第一节　托班幼儿的年龄特点及班级管理

婴幼儿时期是人生的起点,是生理、心理迅速、连续发展的时期,具有巨大的潜力和可塑性。托班是指 2～3 岁的幼儿,他们在日常生活中开始表现出独立的倾向,但由于受动作能力发展的制约,动作仍然迟缓、笨拙,生活自理行为还需要成人帮助。托班幼儿刚刚入园,环境发生了很大的变化,加之他们的语言和行为发展还不完善,在进行管理时有一定的难度,托班幼儿的管理直接影响以后各年龄段的管理。生活即教育是托班保教工作的重点之一,正确的培养可以为幼儿将来的发展在其身体、心理、智力和品德等方面奠定很好的基础。

一、 托班幼儿年龄特点

（一）情绪不稳定，有强烈的情感依恋

托班幼儿情绪发展的明显特征是易感性和易变性，他们的情绪非常外露，极易受环境的影响。例如，周围人都在哈哈大笑或有其他小朋友在哭时，他们也会跟着手舞足蹈大笑或者也跟着哭起来。托班幼儿对亲近的人有强烈的情感依恋，当与亲人分离时，大多数都要经历或长或短的分离焦虑过程。他们用啼哭等方式表示分离的痛苦，这种因情感依恋而产生的分离焦虑表明该年龄幼儿对依恋对象的存在和消失十分敏感。

（二）自我中心倾向明显，出现反抗现象

托班幼儿由于动作、语言和认知能力的发展，扩大了社会交往的范围，逐渐习惯与同龄伙伴及成人的交往，如在游乐场愿意到小朋友多的地方玩。但在交往中带有明显的自我中心倾向，常常以自己的需要作为唯一的标准，此年龄段出现了人生的第一个反抗期。

（三）尝试模仿、喜欢重复

托班幼儿爱模仿别人，他们看见别人玩什么，自己也玩什么。在家里模仿大人的活动，在幼儿园模仿小朋友、老师的行为。模仿的大多数是一些具体、简单的外部动作。

托班幼儿的注意力及记忆是不随意的、短暂的。喜欢重复是此年龄段儿童显著的特点。他们喜欢重复地摆弄物品，喜欢听教师重复讲同一个故事，重复做某个动作，如反复地喂娃娃吃饭。在往返的重复中逐渐认识物体的属性、发展语言与动作，并由此逐渐认识事物简单的关联、产生简单的想象。

（四）词语发展迅速、听说能力基本形成

2～3岁是儿童口语发展的关键期，此时的儿童变得特别喜欢说话，词汇量迅速增加，已能用简单的复合句来表达意愿，基本理解常用的简单句型。2岁后期会用"我"来表达自己的需求和愿望，开始把自己从客体中区分出来，言语的发展促进了自我意识的萌芽。

二、 托班班级管理的内容

（一）幼儿安全是托班班级管理的重中之重

1. 落实晨检工作，消除危险物隐患

幼儿来园的第一个环节就是晨检，教师应认真检查幼儿的口袋、背包，看看有没有危险物品在身上，一旦发现要及时告知家长，让家长有警惕意识。因此，严把晨检关，消除危险隐患则成为重中之重。

2. 有要求地开展户外活动，及时清点幼儿人数

教师首先要检查体育器械的安全性，既要让孩子们玩得快乐，也要让孩子们玩得安

全。户外活动前,教师应认真交代游戏要求,并要做到观察全面,照顾细微,不让幼儿离开自己的视线,不时地提醒幼儿要有安全意识和自我保护意识。户外活动结束后要及时清点幼儿人数,避免遗漏幼儿。

3. 严把幼儿接送关

幼儿每天上学放学是由父母或者直系亲属进行接送,当非幼儿直系亲属来接幼儿的时候,老师一定要来接人员出示幼儿的接送卡,并与家长取得联系之后方可接走幼儿。

4. 班级物品的摆放规定

在摆放班级物品时,有棱角、尖利的设施设备应立即进行整修或放到幼儿接触不到的地方,开水、食物等要等温热后再让幼儿进食。

5. 幼儿药物的管理

服药幼儿的药品由专人负责,药物要有专门的药物登记本,记录幼儿的姓名、药物的名称、服用的方法、次数、时间、喂药人等。对带药的幼儿,老师全天都要密切关注,发现孩子有不舒服现象应马上通知幼儿家长。

6. 定期进行安全隐患排查

班级老师要对班级的所有财产进行安全隐患排查,如门、窗、电器、桌椅等,及时发现物品的损坏,立即进行维修,避免安全事故的发生。

7. 通过多种渠道进行安全教育

教师要通过多种渠道对幼儿进行安全教育,如通过安全教育专题课、安全教育平台、家长课堂等对幼儿进行交通、饮食、用药、用电、着装等方面的安全教育。让幼儿知道身边存在哪些危险,遇到这些问题应该怎么解决。环境创设是幼儿园最直观的教育方法,通过有趣的图片、漫画、标志符号、照片等布置安全宣传栏或墙饰,让幼儿在环境的潜移默化中接受安全教育。

(二)建立班级常规,是班级管理的首要任务

常规教育是保障幼儿一日生活各环节顺利进行的基础和前提,在制定班级常规时,老师要注意规则内容明确且简单易行,也可让幼儿共同参与制定。可采用以下措施来管理班级常规。

1. 常规教育要日常抓、抓重点、反复抓

幼儿良好的常规要从幼儿身边的小事抓起,从细小处开始,从日常生活中的基本要求做起,让幼儿养成良好的卫生习惯、生活习惯、集体规则意识等。幼儿的年龄比较小,自控能力比较弱,在制定一条常规后,要反复练习,并不断地改变形式,以帮助幼儿养成良好的常规意识。

2. 在音乐律动中规划幼儿日常行为

班级要有一套适合本班幼儿年龄特点且幼儿较熟悉的常规音乐,来规划幼儿的一日生活常规并贯穿到一日活动中,如排队、集体活动、休息时使用不同的音乐,让幼儿在不断练习中知道每个音乐应该做什么事,将常规音乐形成一种习惯。

3. 设立奖励机制,提高幼儿的自觉意识,促进班级常规的形成

幼儿具有个体差异性,教师应善于发现幼儿的闪光点,如在班级设立"光荣榜",对孩子的良好表现及时进行表扬,以榜样规范行为,从而提高幼儿的自觉意识,促进班级常规的形成。

(三)教师之间团结协作是班级管理的成功前提

班级教师间的交往是幼儿同伴交往的重要榜样。教师间的团结、合作、友善等行为,潜移默化地影响着孩子,孩子就更容易产生这种行为方式并且长期稳定下来。教师之间要形成目标统一的教育集体,用彼此的爱来浇灌每一个孩子,才会有成功的教育。

(四)做好家长工作,形成家园共育,是班级管理的有力后盾

家园共育即幼儿园与家庭,教师与家长的相互配合,共同促进幼儿的发展。要达到"共育",仅仅转变家长的观念是不够的,应让家长了解幼儿园的教育目标,了解教师的工作等,老师还应充分利用丰富的家长资源。

1. 利用多种渠道与家长交流沟通

教师可以通过家长会、家园练习册、家园联系栏、家访、电话等形式与家长沟通交流孩子在园表现情况等,及时地让家长了解孩子的情况,有方法地告知孩子的表现,和家长一起交流应对的办法,有针对性地实施个别教育,从而让家长知道老师对孩子成长的重视,促进家园共育。

2. 成立家长委员会

班级可成立家长委员会,委员会的成员可以成为老师的有力后备军,协助老师一起开展班级活动,这样不但保证了各种活动的顺利开展,也促进了老师和家长,家长与家长之间的联系。

(五)不断提升教师专业素养,提高班级管理水平

教师应树立终身学习的观念,努力提高班级管理水平。在班级管理工作中,要不断地实践、反思,发现自己的不足之处。不断探索班级管理的新思路,促进幼儿各方面协调发展,使班级管理更规范、更有效。

三、 托班幼儿班级管理策略

(一)创造温馨舒适的环境,消除幼儿的入园焦虑

托班幼儿从家庭个体环境进入幼儿园集体环境,对这个阶段的幼儿来说,不能适应集体生活,会表现出因环境不同而引起的心理上的焦虑感。教师应创设一个温馨舒适的环境,有效缓解并消除幼儿的入园分离焦虑,形成良好的入园情绪情感。例如,在教室张贴幼儿全家福照片,或者让幼儿带一件自己心爱的玩具来园,在与玩具的互动中,让幼儿感受到快乐。

（二）巧用指令，规范幼儿的基本行为

教师通过使用指令，规范幼儿的行为习惯，例如，小手放腿上、小脚并拢、小眼睛、看老师等。这些指令操作性强，读起来朗朗上口，便于幼儿理解记忆。教师也可以通过示范动作，边说边做，鼓励幼儿模仿学习，请其他幼儿展示学习，调动幼儿的积极性。除此之外，托班幼儿学得快，忘得也快，因此这些指令需要在日常生活中经常使用和复习，加深印象。

（三）重视生活自理能力的培养

生活自理是人的一种最基本的能力，对刚入园的幼儿来说，培养他们的生活自理能力至关重要，良好的生活自理能力会让幼儿终身受益。

1. 正面示范，让幼儿模仿、练习

托班幼儿模仿能力强，教师可以通过正面示范，让幼儿学会正确的自理方法，然后模仿、练习。例如，掌握正确的洗手方法，以儿歌的形式帮助幼儿理解洗手的步骤，教师一边念儿歌一边示范正确的洗手方法，接着让幼儿练习，对能力差的幼儿进行个别辅导。经过一段时间的训练，幼儿便能掌握。

儿歌——七步洗手法

两个好朋友，手碰手，

你背背我，我背背你。

来了一只小螃蟹、小螃蟹，

举起两只大钳子、大钳子。

我跟螃蟹点点头、点点头，

螃蟹跟我握握手、握握手。

2. 通过游戏活动，学习自理能力的技能

教师将生活中的自理技能融入游戏中，在与游戏的互动中潜移默化的得到培养和锻炼。如学习穿衣服扣纽扣，用各种材质制作生动形象的小动物形象，提供不同形状纽扣的衣服，然后鼓励幼儿给小动物穿衣服扣纽扣。如此类的游戏还有拉拉链、系鞋带等，幼儿感兴趣，很快延伸到自己，掌握了一些生活自理技能，如表 6-1 所示。

表 6-1　幼儿园一日生活常规及保教人员工作程序要求（托班）

生活环节与活动内容	幼儿常规	教师职责	保育员职责
入园及晨间活动（7:30—7:45）	1. 衣着整洁愉快来园，接受晨检，带手绢。 2. 对老师、小朋友的问候能给予应答；逐渐学会有礼貌地向教师、小朋友问好，向家长"再见"	1. 在操场热情接待幼儿及家长，教师以礼貌的言行，主动向小朋友及家长问候，用自身行动带动影响每一个孩子和家长。对有礼貌行为的幼儿及时给予鼓励	1. 热情接待来园，主动与幼儿及家长问好。 2. 7:30 打开水、端碗。将饮水桶加锁由保育员管理钥匙。准备好饮用水及盐水（水温适宜，水量充足）

续表

生活环节与活动内容	幼儿常规	教师职责	保育员职责
入园及晨间活动（7:30—7:45）		2. 以丰富、有趣的活动吸引幼儿入园，用游戏的方式接待幼儿入园。 3. 有目的有计划地组织幼儿进行体育锻炼。 4. 关注幼儿的情绪变化，引导幼儿表达自己的情绪	3.7:30—7:40 做好班级小扫除（水龙头、门把手、窗台、桌子、毛巾格、水碗格）及室内通风。 4. 帮助幼儿脱衣服，指导幼儿将衣服放在衣柜里。 5.7:40—7:45 关窗户（根据季节变化）、准备毛巾水杯，摆放在固定位置。 6. 指导家长按要求填好带药单，项目齐全
早操7:45—7:55	1. 喜欢在教师带领下随音乐做动作。对模仿事物的形象和动态感兴趣。 2. 学习做简单的模仿操，动作基本到位	1. 教师用自身的情绪、动作、语言感染幼儿，使幼儿产生做操的兴趣和愿望。 2. 活动前带领幼儿做准备活动，并检查器械、场地、服装的安全性。 3. 接纳幼儿动作的不协调和不到位，逐步培养幼儿动作的协调性和准确性。 4. 关注幼儿动作发展的个体差异，不要求整齐划一。 5. 关注幼儿做操时的身体状况，引导他们主动表达自己的需要。 6. 掌握调节幼儿活动量	1. 准备适宜的饮用水，夏季注意防烫、冬季注意保温。 2.7:45 餐前准备及消毒，第二遍和第三遍间隔10分钟
早餐前盥洗及进餐7:55—8:30	1. 幼儿进入盥洗室后，如厕、洗手、盐水漱口。 2. 逐渐学会自己洗手，知道手脏时洗手。 正确盥洗方法： 1)在教师帮助下卷起袖子； 2)按六步洗手法正确洗手。 3)正确擦手，冬季涂擦手油。 3. 有轮流等待的意识，初步懂得节约用水。 4. 幼儿随洗随吃，进餐座位不固定。 5. 有良好的食欲，进餐时保持轻松愉快的情绪。 6. 逐渐学会用小勺独立进餐，喜欢吃各种食物，不挑食	1. 利用儿歌、游戏的形式，指导幼儿学习洗手。 2. 教师及时肯定幼儿的盥洗行为，鼓励幼儿在盥洗时遇到困难或问题，要请教师帮忙。 3. 先照顾进餐慢的幼儿进行盥洗。对能力弱的幼儿适当喂饭，防止饭菜凉了。教师喂饭时每勺饭不要过满，不要过快。 4. 饭前、如厕后及把手弄脏时提示幼儿洗手。 5. 营造愉快的进餐环境，可以放一些轻音乐，使幼儿保持愉悦的心情，餐前、后不处理问题。	1. 掌握端饭时间，准时开饭（8:00 开饭）。 2. 保育员分饭前要洗手，分饭后照顾进餐幼儿。 3. 营造愉快的进餐气氛，餐前、后不处理问题、不催饭、不强行喂饭。对身体不适的幼儿适当调整饭量。 进餐时间保证30分钟。 4. 让幼儿随洗随吃，向幼儿介绍饭菜名称及营养。 5. 饭菜同时分盛在碗、盘中，鼓励幼儿饭菜搭配着吃。盛饭时少盛勤添，不让幼儿感到有压力。 6. 关注有特殊需要的幼儿（如：体弱儿、肥胖儿或食物过

生活环节与 活动内容	幼儿常规	教师职责	保育员职责
早餐前盥洗 及进餐 7:55—8:30	7. 餐后收放餐具、擦嘴、漱口等,形成良好的餐后卫生习惯。 8. 餐后安静做事,不影响其他幼儿	6. 引导幼儿了解常见食物的名称,欣赏菜的颜色,增加食欲。 7. 积极关注每个幼儿的进餐情绪,不催饭、不强行喂饭。对身体不适的幼儿适当调整饭量。 8. 关注有特殊需要的幼儿(如:体弱儿、肥胖儿或食物过敏、正在服药有忌口、身体中存在微量元素缺乏等情况的幼儿),对他们进行有针对性的护理。 9. 要适当帮助幼儿做好饭后放餐具、擦嘴、漱口等事情。 10. 少半数幼儿进餐完毕,教师站在盥洗室门口检查幼儿擦嘴漱口情况	敏、正在服药有忌口、身体中存在微量元素缺乏等情况的幼儿),对他们进行有针对性的护理。 7. 要适当帮助幼儿做好饭后放餐具、擦嘴、漱口等事情
故事会/ 阅读 8:30	1. 喜欢听成人讲故事,会正确翻看图画书。 2. 能够注意倾听老师讲故事。 3. 能用简单的语言表达听故事中的感受和发现。 4. 爱护图书,会收放图书	1. 教师语言要清晰,速度适中,根据人物和情节变换语速、语调,并自然地用表情、手势、动作配合,充分表达故事内容,表现文学作品中的美。 2. 引导幼儿主动参与故事活动,适当地提问。 3. 教育幼儿爱护图书,会用正确的方法收放图书	1. 做好收拾餐具,清洁、消毒工作。餐后卫生及洗桌布,洗后桌布叠好后放在消毒盆上晾晒。 2. 用潮干墩布擦地。 3. 教师以身作则,以自身的行为和班级的整洁环境潜移默化地影响幼儿。 4. 餐后整理活动后,参与到幼儿的活动中,配合教师进行指导
区域游戏 8:30—9:20	1. 初步体验规则的作用,能遵守游戏规则。 2. 正确使用并爱护游戏材料,学会自己整理材料。 3. 按要求积极参加活动,运用多种感官积极探索尝试。 4. 轻轻走动、取放物品,不大声喧哗。 5. 看书、坐姿、握笔姿势正确。 6. 在活动中幼儿体现自主、自愿、专注、愉快,兴趣浓。	1. 做好游戏活动的准备工作,按时开展活动。 2. 教师能积极地以平等的身份与幼儿游戏,激发幼儿对活动的兴趣,鼓励幼儿积极探索与尝试,提供条件。 3. 依据目标指导幼儿,指导中突出重点,既关注重点区域,又关注整体区域;既关注个别幼儿,又关注全体幼儿。 4. 观察幼儿的行为,依据目标对幼儿进行指导,方法	1. 按时参与指导活动区活动,配合教师给幼儿必要的个别指导和重点指导。 2. 协助教师培养幼儿良好的常规,形成初步的规则意识。 3. 积极地以平等的身份与幼儿游戏,激发幼儿对活动的兴趣,鼓励幼儿积极探索与尝试,提供条件。 4. 注意幼儿的五官卫生保健。 5. 教师间相互配合,分工指导,关注不同区域幼儿活动需

生活环节与活动内容	幼儿常规	教师职责	保育员职责
区域游戏 8:30—9:20	7. 能在游戏结束后收拾整理玩具材料,逐步养成正确收放玩具的习惯	灵活多样,体现目标和正确的教育原则。 5. 培养幼儿正确的看书、坐姿、握笔姿势。 6. 教师间相互配合,分工指导,关注不同区域幼儿活动需求,保证所有幼儿都能被教师观察到,满足特殊幼儿的特殊需要。 7. 引导幼儿在游戏结束后正确收放游戏材料	求,保证所有幼儿都能被教师观察到,满足特殊幼儿的特殊需要。 6. 引导幼儿在游戏结束后正确收放游戏材料
喝水(奶)如厕 (上、下午各安排两次固定喝水时间:户外活动前后)	1. 整理活动结束后,幼儿洗手、自取水杯喝奶、喝水,随完毕随喝。 2. 喜欢喝白开水,逐步养成经常喝水、定时大便的良好习惯。 3. 有秩序喝水、如厕,不浪费。 4. 养成便后洗手的习惯。 5. 便后在老师的帮助下能够将衣服整理好,将内衣塞入裤中	1. 教师组织幼儿随整理随洗手、自取水杯,喝奶、喝水,减少等待。初期由教师倒水。 2. 幼儿每天不少于四次固定饮水时间,上下午各两次,日常保证幼儿随渴随喝。关注幼儿饮水量。 3. 教师站在教室与厕所之间,检查幼儿如厕情况。 4. 饭前、户外活动、集体活动前及入睡前安排幼儿如厕。允许幼儿自由如厕。 5. 提醒幼儿便后洗手,大便后用肥皂洗手。 6. 帮助幼儿整理衣裤,不露小肚皮。 7. 多种游戏方式鼓励幼儿在园大便。	1. 随时提供温水供幼儿饮用,水量充足。 2. 关注幼儿饮水情况,指导照顾不爱喝水的幼儿,保证饮水量,不浪费水。 3. 关注幼儿如厕、洗手情况,提醒幼儿便后洗手,大便后用肥皂洗手。 4. 喝水完毕用潮湿墩布清理地面。 5. 准备好卫生纸。 6. 协助教师帮助幼儿整理衣裤,不露小肚皮。 7. 掌握幼儿的排便情况,掌握幼儿蹲坑时间。 8. 按时为服药幼儿服药
户外体育 9:20—9:50	1. 喜欢参加集体游戏、自选游戏活动。 2. 初步理解简单的游戏规则,学习正确使用各种体育器械和材料,进一步提高身体的协调性。 3. 知道玩累了休息,不到危险地方去玩。 4. 喜欢和同伴一起玩,掌握轮流、谦让等交往技能。 5. 能将小型器械分类收放好。 6. 不在户外小便	1. 户外前提醒幼儿如厕并检查幼儿着装,冬季帮助幼儿穿好棉背心。 2. 提供各种运动器械和色彩鲜艳、趣味性强的材料,做好活动准备。 3. 活动前带领幼儿做准备活动,并检查器械、场地、服装的安全性。 4. 通过游戏化的情景,激发幼儿运动的积极性。 5. 随时给幼儿提裤子、系鞋带;根据气候、季节随时	1. 户外活动前与教师一同检查幼儿着装,提醒幼儿如厕。冬季帮助幼儿穿好棉背心。 2. 协助教师做好场地用品的准备工作。 3. 注意照顾体弱儿和肥胖幼儿。 4. 关注幼儿的性别差异、运动能力和水平,适时参与幼儿的游戏,并给予有针对性的指导。 5. 密切关注幼儿的运动强度和运动量,给予必要的提醒和

生活环节与活动内容	幼儿常规	教师职责	保育员职责
户外体育 9:20—9:50		增减衣服。 6. 根据季节调整幼儿的运动量。运动中途可回班调整休息。夏季要适当减少活动量,及时提醒幼儿回班多喝水,保证饮水量。 7. 能与保健医沟通,针对幼儿发展状况有计划、有目的地开展体育锻炼活动,照顾好体弱幼儿和肥胖幼儿。 8. 按时开展户外活动,保证充足的户外活动时间。(集体体育游戏15分钟,全天户外活动不少于2小时)。 9. 引导幼儿活动后将小型器械分类收放好	保护。 6. 随时给幼儿提裤子、系鞋带;根据气候、季节随时增减衣服。 7. 指导幼儿活动后将小型器械分类收放好。 8. 帮助教师收好游戏材料
加餐喝奶 9:50—10:10	1. 整理活动结束后,幼儿洗手、自取水杯喝奶、喝水,随完毕随喝。 2. 喜欢喝白开水,逐步养成经常喝水、定时大便的良好习惯。 3. 有秩序喝水、如厕,不浪费。 4. 养成便后洗手的习惯。 5. 便后在老师的帮助下能够将衣服整理好,将内衣塞入裤中	1. 教师组织幼儿随整理随洗手、自取水杯,喝奶、喝水,减少等待。初期由教师倒水。 2. 幼儿每天不少于四次固定饮水时间,上、下午各两次,日常保证幼儿随渴随喝。关注幼儿饮水量。 3. 教师站在教室与厕所之间,检查幼儿如厕情况。 4. 饭前、户外活动、集体活动前及入睡前安排幼儿如厕。允许幼儿自由如厕。 5. 提醒幼儿便后洗手,大便后用肥皂洗手。 6. 帮助幼儿整理衣裤,不露小肚皮。 7. 多种游戏方式鼓励幼儿在园大便	1. 随时提供温水供幼儿饮用,水量充足。 2. 关注幼儿饮水情况,指导照顾不爱喝水的幼儿,保证饮水量,不浪费水。 3. 关注幼儿如厕、洗手情况,提醒幼儿便后洗手,大便后用肥皂洗手。 4. 喝水完毕用潮湿墩布清理地面。 5. 准备好卫生纸。 6. 协助教师帮助幼儿整理衣裤,不露小肚皮。 7. 掌握幼儿的排便情况,掌握幼儿蹲坑时间。 8. 按时为服药幼儿服药
集体活动 10:10—10:25	1. 懂得遵守游戏规则,有初步的规则意识。 2. 愿意与同伴交往,一起做游戏,感受快乐。 3. 能积极运用多种感官感知周围事物。 4. 会安静地听别人讲话,不插话;并能作出相应	1. 做好教学活动的准备工作,按时开展活动。 2. 抓住时机引导幼儿体验规则的意义,初步养成遵守规则的意识。 3. 活动以游戏贯穿始终,使幼儿保持积极愉快情绪,成为活动的主人。	1. 配合教师做好各项准备工作。 2. 按时参与教学活动,配合教师给幼儿必要的个别指导和重点指导。 3. 协助教师培养幼儿良好的常规。 4. 鼓励幼儿主动表达,教师

生活环节与活动内容	幼儿常规	教师职责	保育员职责
集体活动 10:10— 10:25	反应。 5. 坐姿自然端正。 6. 学习正确看书,正确的握笔方法	4. 关注幼儿的兴趣、能力、发展水平的个体差异,引导幼儿富有个性的发展。 5. 引导幼儿用各种感官参与活动,抓住时机,自然渗透各领域教育。 6. 鼓励幼儿主动表达,教师积极回应。 7. 及时发现幼儿活动中的兴趣状态、积极参与程度,根据大多数幼儿的反应,调整教学计划。 8. 注意动静结合,时间长度适宜	积极回应。 5. 注意幼儿的五官卫生保健
户外体育游戏 10:25— 11:00	1. 喜欢参加集体游戏、自选游戏活动。 2. 初步理解简单的游戏规则,学习正确使用各种体育器械和材料,进一步提高身体的协调性。 3. 知道玩累了休息,不到危险地方去玩。 4. 喜欢和同伴一起玩,掌握轮流、谦让等交往技能。 5. 能将小型器械分类收放好。 6. 不在户外小便	1. 户外前提醒幼儿如厕并检查幼儿着装,冬季帮助幼儿穿好棉背心。 2. 提供各种运动器械和色彩鲜艳、趣味性强的材料,做好活动准备。 3. 活动前带领幼儿做准备活动,并检查器械、场地、服装的安全性。 4. 通过游戏化的情景,激发幼儿运动的积极性。 5. 随时给幼儿提裤子、系鞋带;根据气候、季节随时增减衣服。 6. 根据季节调整幼儿的运动量。运动中途可回班调整休息。夏季要适当减少活动量,及时提醒幼儿回班多喝水,保证饮水量。 7. 能与保健医沟通,针对幼儿发展状况有计划、有目的地开展体育锻炼活动,照顾好体弱幼儿和肥胖幼儿。 8. 按时开展户外活动,保证充足的户外活动时间。(集体体育游戏15分钟,全天户外活动不少于2小时)。 9. 引导幼儿活动后将小型器械分类收放好	1. 户外活动前与教师一同检查幼儿着装,提醒幼儿如厕。冬季帮助幼儿穿好棉背心。 2. 协助教师做好场地用品的准备工作。 3. 注意照顾体弱儿和肥胖幼儿。 4. 关注幼儿的性别差异、运动能力和水平,适时参与幼儿的游戏,并给予有针对性的指导。 5. 密切关注幼儿的运动强度和运动量,给予必要的提醒和保护。 6. 随时给幼儿提裤子、系鞋带;根据气候、季节随时增减衣服。 7. 指导幼儿活动后将小型器械分类收放好。 8. 帮助教师收好游戏材料

生活环节与活动内容	幼儿常规	教师职责	保育员职责
餐前安静游戏盥洗、午餐 11:00—11:50	1. 同早餐。 2. 进行安静活动。建议安排讲故事活动或唱歌活动。 3. 餐后散步	1. 提醒幼儿如厕。 2. 组织照顾幼儿盥洗。 3. 安排安静的活动。 4. 组织幼儿进餐,要求同早餐。 5. 适当关照餐后活动。 6. 睡前组织幼儿如厕。 7. 11:20 洗手	1. 11:00—11:05 拉好窗帘,使寝室保持一定的室温。铺好被子。 2. 11:05—11:20 做好餐前准备及消毒,要求同早餐。 3. 11:20—11:25 端碗、取午点,吃鱼虾时提前 5 分钟。 4. 11:25—11:30 端饭、分餐。 5. 11:30—11:55 幼儿进餐。 6. 随分餐随吃、介绍食谱、照顾体弱儿。 7. 11:55—12:00 餐后整理搞卫生。照顾幼儿睡前如厕
午睡 12:00—14:30	1. 逐渐学会脱方便、简单的衣裤和鞋袜,放在固定的地方。按顺序脱衣服:上衣、外裤、毛裤、袜子、毛衣。 2. 换好拖鞋,上床安静入睡。 3. 能遵守简单的规则,不影响他人入睡。 4. 知道睡眠对于健康的意义,养成良好睡姿、睡眠习惯,能够逐渐独立入睡。 5. 不带物品(如小发卡、挂饰、标志牌等)上床	1. 创设光线较暗、室温适宜、安静的睡眠环境。 2. 在幼儿脱衣服时,帮助幼儿把最困难的部分完成,逐步培养幼儿自己脱衣服。 3. 观察提示幼儿不往睡眠室带小玩具。 4. 精心护理好幼儿睡眠,及时纠正睡姿,关注幼儿身体异常变化,及时处理。 5. 随时观察睡眠情况,值班人员不离岗	1. 12:00—12:20 协助幼儿脱衣服,让其穿适当的衣服睡觉。督促和指导幼儿用正确的方法上床。 2. 12:20—14:30 随时检查幼儿午睡情况,来回巡视,检查盖被情况,纠正不良睡姿
起床午检盥洗午点 14:30—15:00	1. 逐渐学会穿方便、简单的衣裤和鞋袜。按顺序穿衣服:毛衣、袜子、毛裤、外裤、上衣、鞋。拖鞋放回原处。 2. 接受午检。 3. 如厕、盥洗、安静午点,喝水。 4. 幼儿随洗随吃午点	1. 做好起床准备,分组按时起床,协助幼儿穿好衣服,避免幼儿应等待着凉。 2. 鼓励幼儿独立穿衣,同时鼓励幼儿之间互相帮助。 3. 午检并检查幼儿着装,可引导幼儿互相检查。 4. 提醒幼儿如厕、盥洗、安静午点,喝水。 5. 随洗随吃,提醒、照顾个别幼儿。 6. 用固定的梳子给女孩梳头	1. 预先准备好午点。 2. 14:30—14:40 打水、拿餐盘,配合教师指导幼儿穿衣,检查幼儿着装。 3. 14:40—15:00 叠被、打扫睡眠室、盥洗室卫生。待幼儿全部离开睡眠室后开窗通风
集体活动 15:00—15:15	同上午	同上午	同上午

续表

生活环节与 活动内容	幼儿常规	教师职责	保育员职责
户外活动及 晚餐 15:15— 15:50 晚餐： 16:20— 17:00	同上午	同上午 洗手16:25	1.16:10 送果盆、倒垃圾及端碗。 2.16:10—16:25 餐前准备及消毒。 3.16:25—16:30 端饭、分餐。吃鱼虾时提前5分钟。 4.16:30—17:00 幼儿进餐。随分餐随吃、介绍食谱、照顾体弱儿
餐后活动与 离园 17:00— 17:30	1. 能愉快地参与离园前的各项活动。 2. 学着将自己的服装和物品整理好。 3. 逐渐养成与家长打招呼，与老师小朋友说"再见"的习惯	1. 开展适宜的游戏活动，使幼儿保持愉快的心情。 2. 注意检查幼儿的着装，帮助幼儿整理着装。 3. 通过多种方式与家长沟通，简要、有重点地向家长介绍幼儿在园情况	1.17:00—17:30 餐后卫生（擦地、刷水杯、洗毛巾、刷水池、擦镜面）、倒干饮水桶内剩水并将桶上锁，同时打壶开水，放置在壶内盖好壶盖和壶嘴，待第二天备用。周五不用打开水备用。 2. 离园时照顾未接幼儿，主动与家长沟通。 3. 检查门窗、水、电。 4. 每周五消毒洗衣机

托班班级管理小技巧

1. 树立榜样作用：托班幼儿的吃饭问题，不仅令家长们担心，也让教师们揪心。针对不同幼儿的吃饭问题，幼师要采用不用的应对方式。幼儿饭量小，不强迫；幼儿挑食，不责怪，不强制要求，而是顺其自然，逐步引导。如：幼儿不爱吃青菜，可在平时用餐时，通过榜样示范——表扬别的小朋友，"你看×××也吃青菜，多香呀，因为×××爱吃青菜才长得高，你想不想也长得高高的呀？"过了一段时间后，这些幼儿也变得喜欢吃青菜了。

2. 物质奖励：托班幼儿特别喜欢老师奖励的小贴画，有的孩子不爱吃胡萝卜，教师就把即时贴剪成胡萝卜的形状，当幼儿吃完胡萝卜时，教师就把胡萝卜粘贴奖励给他，久而久之，孩子就不再拒绝吃胡萝卜。

3. 学会正确咀嚼：在托班，少数幼儿不会嚼饭，或者只用前门牙嚼饭，这样不仅影响幼儿吃饭的速度，还不利于幼儿的口腔发展。教师可在饭前和幼儿玩"咬一咬，嚼一嚼"的小游戏，让幼儿夸张的张大嘴巴，嚼一嚼，以训练幼儿打开口腔，用大牙咀嚼食物。孩子们渐渐学会了正确的咀嚼方法，进餐速度也变快了。

4. 安静进餐：吃饭时，托班幼儿爱讲话，喜欢交头接耳。幼师不妨给幼儿讲《漏嘴巴》的故事，教育幼儿向故事中的小妹妹学习，不做漏嘴巴的孩子。此外，在托班，也时常看到狼吞虎咽的幼儿，幼师可通过表演游戏"我这样吃饭"，教会幼儿吃饭时细嚼慢咽，以提高幼儿的进餐质量。

第二节 小班幼儿的年龄特点及班级管理

学前期是一个人身心发展最迅速的时期,幼儿之间的年龄差异客观存在。幼儿园的课程模式是以年龄班为基础建立的,幼儿园小班班级管理是幼儿教育的重要阶段,也是一项艰巨而细致的工作,需要教师的智慧引领、艺术处理,以促进幼儿的全面、健康、和谐发展。

一、 小班幼儿年龄特点

小班(3~4岁)的幼儿刚从婴儿期步入幼儿期,他们不免带有一些婴儿的"痕迹";另外,由于身心发展迅速,他们又开始具有幼儿期的显著特点。因此,小班幼儿的年龄特征十分突出。

(一)动作发展迅速

小班幼儿身体迅速发展,动作发展是其重要特征。他们身体的灵活性增强,肢体动作逐渐协调,可以掌握各种粗动作和一些精细动作,能完成走、跑、跳、骑三轮车等技能。小班幼儿双手协调能力发展迅速,他们会画画、在线条内涂色,还会进行简单的串珠游戏,动作相对于托班幼儿更加精细化。

(二)爱模仿

小班幼儿主要通过模仿别人获得自己的经验,他们喜欢模仿妈妈做饭的动作、爸爸说话的腔调、老师上课的姿态等。小班幼儿多以平行游戏为主,总是喜欢与同伴玩同种玩具,担任同样的角色。例如,有的小朋友当"妈妈",大家都要当妈妈;有一位小朋友当厨师,其他小朋友也跟着模仿当厨师,不在意是否有人当顾客。同时,在模仿中有时也有创造性的表现,只是这种表现是低水平的。

(三)具有基本的生活自理能力

小班幼儿的基本动作已发展比较自如,为生活自理能力奠定了基础,开始学习按照成人的指令进行行动,慢慢发展各项生活自理能力。能做到饭前便后主动洗手,方法正确,会自己穿脱衣服、鞋袜、扣纽扣,能整理自己的物品,等等。

(四)想象和现实容易混淆

幼儿经常觉得自己想象的事情或期盼发生的事情,都是真实存在的。即便是没有发生的,也会让该年龄段的幼儿描绘得活灵活现。因此,成人往往误认为他们在撒谎。这一特点在小班幼儿身上尤其明显。例如,幼儿向别人讲述自己去过海洋馆,看到了海洋动物和表演,但事实并未去过。这是幼儿分不清想象和现实的表现。

（五）思维具有直观行动性

小班幼儿的思维是以直观行动思维为主。直观行动思维是指以直观的、行动的方式进行思维。他们很多时候只有通过行动，才能获取认识。一般表现为先做后想，或者边做边想，不会思考以后再做。例如，在画画之前往往说不出自己要画什么，而常常是在画好之后才突然有所发现："蛋糕！"小班幼儿思维具体、直接，不会做复杂的分析综合，只能理解事物的表面含义。因此，对于小班多采用正面教育，提出具体要求，最好说："小嘴巴闭闭紧！"而不是说："不要交头接耳！"便于他们接受这种具体的要求。

二、 幼儿园小班班级管理的功能

（一）生活功能

幼儿园小班班级管理对幼儿成长具有最基本的生活保障的功能。幼儿园小班活动是以一日生活为基础作整体安排的，包括来园晨检、午睡、盥洗、饮食、游戏等。教师要进行有序、合理的安排，使幼儿生活有规律、有节奏，同时还要做好班级卫生保健，进而保证幼儿身体健康。

（二）认知功能

幼儿园小班班级管理可以促进幼儿认知发展。由于幼儿年龄较小，教师要运用直观、具体、形象、丰富多彩的教学形式，发展幼儿智力，培养幼儿正确运用感觉和语言交往的基本能力，培养有益的兴趣和求知欲望，以及初步的动手能力等。

三、 幼儿园小班班级管理存在问题

在幼儿园小班日常的教学过程中，教师是以班级这一特有的组织形式与孩子一起共同生活、游戏和学习的。教师是管理者、组织者，参与日常的班级组织管理过程，所以班级管理是教师教育行为优化的最直接体现，它是课程实施的基本保障。在幼儿园里不同的老师所管理的班级存在差异性。表现为不同的班级呈现不同的特点，发挥着不同的教育功能，在不同程度上起到促进或阻碍幼儿发展的作用。通过幼儿园班级管理现状的问题深入调查，目前幼儿园班级管理中存在以下几个方面的问题。

（一）缺乏灵活、系统的班级管理意识

在班级计划方面，班级事务管理与班级生活秩序管理缺少系统规划。大多数教师认为班级管理就是管理班级物品和幼儿的纪律，按照幼儿园一日常规的要求和教学计划组织好幼儿在园的一日生活，很少的班级教师能够结合本班幼儿特点和实际发展水平制订本班班级管理计划，灵活组织和安排幼儿一日生活。大多数情况下，制订班级计划与班级实际工作的组织与实施相脱节，教师缺乏主动管理的意识，缺乏在班级管理中的主动反思与改进。

（二）师幼互动不足，情感交流少

在师幼互动方面，由于受传统教育观念的影响，目前班级师幼互动以传递知识技能，维护规则为主，事务性互动多，情感交流少。有些教师比较尊重幼儿，与幼儿交流互动有很多时候会尊重幼儿的意见，善于观察和把握幼儿在各环节活动中的表现，也比较注意幼儿的个体差异。但也有一些教师，比较以自我为中心，完全是按照自己的习惯和喜好领导幼儿，并在幼儿互动的过程中表现出比较明显的单向性，较多表现为教师对幼儿的高控制和高约束，幼儿则是高服从、高依赖，给幼儿营造的是一种处处布有坚固框限的心理与行为空间，不利于幼儿主动性与创造性的发展。

（三）班级管理封闭，与家长沟通少

部分班级的管理比较封闭，很少与家长沟通，家长工作也仅限于家长园地中的各种通知，家长只要按照通知上的要求去做即可。家长工作与班级管理比较脱离，从而造成家长对幼儿园班级管理工作不了解、不参与、不重视，在一定程度上也导致了家长只重视孩子在幼儿园都学到了哪些知识，而对于幼儿的全面发展情况缺少关注和了解，从而缺乏理解和支持。

四、 小班幼儿班级管理策略

（一）关注幼儿个性差异，进行针对性教育

每个幼儿来自不同的家庭，接受着不同的家庭教育，个性也存在着差异性。教师应根据幼儿的个性特点，通过多种途径多方位的了解幼儿，有针对性地进行教育。例如，在日常生活与幼儿交谈、观察中，对于害羞胆怯的幼儿，教师应多鼓励多表扬，创造机会让此类幼儿展示自己，增强自信心。对于比较活跃好动的幼儿，教师应注重规则意识的培养，用积极肯定的方式向幼儿提出要求。对幼儿遵守规则的行为应持肯定，鼓励的态度，强化幼儿的好行为。

（二）规则引导法，师生共同遵守班级规则

规则引导法是指用规则引导幼儿行为，使其与集体活动的方向和要求保持一致的一种管理方法。班级常规工作开展的好坏，究其原因，往往与教师有没有制定规则有关，规则过多，会让幼儿觉得无所适从或无法实践。因此，教师在制定规则时，应考虑幼儿的年龄特点和身心发展规律，让幼儿参与其中讨论，共同制定班级常规，并且明确，简单易行。幼儿明白什么该做，什么不该做。例如：在水柜前贴上小脚印，幼儿就知道排队喝水；洗手处用图片的形式张贴七步洗手法，幼儿会按照洗手的正确步骤洗手；进区牌上张贴一定数量的娃娃，幼儿就知道进区人数等。这样可以让幼儿明白在什么地方该怎么做，使幼儿园的活动有序地开展。

（三）营造宽松、温馨的家庭式氛围

做好班级管理工作，要创设宽松、愉悦、温馨的家庭式氛围。小班幼儿年龄小，是养成

各种行为习惯的关键时期,他们情感依恋强烈,因此教师要努力为其营造一个与家庭相似的、身心放松的环境,有助于幼儿更好地发展。清晨入园,亲切地与幼儿打招呼,握手或者拥抱。不以高高在上的姿态压制幼儿,而是和幼儿交朋友。在这种宽松、温馨的氛围中,幼儿能很快适应班集体生活,爱上教师,依恋教师,融入幼儿园班级这个小家庭,便于开展班级管理工作,让幼儿逐步养成一日活动常规。

(四) 重视家园配合,做到家园共育

《纲要》中提出:"幼儿园应与家庭社区密切合作,综合利用各种教育资源,共同为幼儿的发展创造良好的条件。"家庭是幼儿园重要的合作伙伴,父母又是幼儿的第一任老师。因此,幼儿教育必须是家庭与幼儿园密切配合,形成合力共同为幼儿创造良好的条件。

1. 定期举行家长半日活动和家长会

每学期定期举行家长半日活动和家长会,由于小班幼儿年龄较小,班级教师应有意识地请家长参与班级管理,除邀请家长参与班级各项活动外,还能与家长一起研究幼儿具体教育问题,如一些具体规则和常规的培养如饭前洗手,饭后漱口的习惯培养,教师就和家长达成共识,在幼儿园和家里同时培养。同时也让家长了解幼儿在园的真实情况,了解幼儿园的教育内容和方法,增加家长和幼儿园沟通的机会,充分发挥学校教育的辐射作用,协调好学校教育与家庭教育的关系,更好地促进幼儿的全面健康发展。

2. 做好家访、家长问卷调查工作

组织教师从学期初进行家访活动,尤其在新生入园后,通过与幼儿、家长交流,了解每一个幼儿的家庭状况、生长环境,了解更真实、全面的幼儿情况,了解家长的教育理念、教育方法等,为今后的教育教学工作奠定基础。除此之外,通过向幼儿家长班级的基本情况,帮助家长树立正确的教育理念,解决家庭教育方面的一些困惑,增强家长的责任意识和信任度,使家长也主动参与到班级的教育教学管理中来。

家长调查问卷是幼儿园普遍采用的方式,主要是为了收集家长真实、有效的反馈意见,及时解决家长提出的问题,同时为教师班级管理提供参考依据。

3. 利用家园联系栏和微信促进家园互动

为了提高家长科学育儿理念,及时了解幼儿在园动态,班级可以利用家园联系栏、校讯通、微信等,宣传幼儿保教知识,探讨育儿问题等,融洽家庭与幼儿园的关系,使家园形成合力,促进幼儿的全面发展。

拓展——班级管理小妙招

餐前环节指导

幼儿午餐前,教师通过谈话、提问等形式对幼儿进行餐前谈话教育。内容可包含"今天午餐吃什么?""最喜欢的食物是什么?""吃饭时我们要怎么做?"等,引导幼儿养成吃饭时保持安静、不挑食、不浪费食物的好习惯。

班级管理小妙招

餐后环节指导

1. 提醒幼儿养成餐后漱口、擦嘴的好习惯。

2. 组织幼儿餐后用自己的水杯接水,用鼓漱法进行漱口。提醒幼儿将漱口水含在嘴

里鼓漱 3～5 次,再轻轻吐进水池中,不把水咽进肚中。

3. 组织幼儿散步。散步有助于食物的消化,餐后带领幼儿在园内散步时,要求幼儿遵守散步的规则(一个跟着一个慢慢走)。遇到其他老师或者小朋友可以提醒幼儿主动打招呼,让幼儿初步学会交往礼仪,养成良好的文明礼貌习惯。

午睡环节指导

1. 有序脱衣服、鞋子,并养成摆放整齐的好习惯。

2. 睡前故事。午睡前给幼儿讲 1～2 个小故事,能让幼儿快速安静下来,不仅扩大了孩子们的知识面,提高了语言表达能力,还对幼儿良好的生活习惯的养成起到了促进作用。

第三节　中班幼儿的年龄特点及班级管理

班级是幼儿园的基层组织,也是一个具有多种功能的整体组织,每位幼儿在集体中的行为都会受到班级管理的影响。中班幼儿无论从生活自理能力还是集体生活适应能力方面都比小班幼儿有了显著提高,因此可以让更多的幼儿参与到班级管理中来,让他们成为管理班级日常活动的小主人,让幼儿有相对自由的选择、判断、分析、裁决等权利,从而更好地发挥幼儿的主体性。幼儿既是被管理者,又是管理者,这样更容易实现由他律向自律的转变,教师能够更加轻松、有序地合理安排幼儿一日生活,对于提高幼儿活动效率、促进幼儿全面发展有重要意义。

一、 中班幼儿年龄特点

幼儿园中班是幼儿身心发展的重要时期,也是学前教育中一个承上启下的阶段。区别于小班幼儿,中班幼儿有其显著的年龄特征,语言、学习能力大幅提高,活泼好动,喜欢游戏但缺少解决问题的能力,擅长模仿等,主要体现在以下方面。

(一) 以无意注意为主,有意行为开始发展

4～5 岁幼儿在集体中行为的有意性增加了,注意力集中了。呈现出无意注意向有意注意转化的趋势,他们能接受成人的指令,完成一些力所能及的任务。在幼儿园里,可以学当值日生,为班级的自然角浇水,帮助老师摆放桌椅等。在家里,能够收拾自己的玩具、用具,并能帮助家人收拾碗筷、折叠衣服等,此时幼儿已出现了最初的责任感。幼儿集中精力从事某种活动的时间较以前延长,在中班得到进一步的强化,注意力逐渐集中,表现在集中精力从事某种活动,而且持续时间较之前延长。

(二) 规则意识萌芽,是非观念较模糊

在集体生活中,中班幼儿不仅开始表现出自信,而且规则意识萌芽,懂得要排队洗手、

依次玩玩具等。当他们与人相处时,表现得有礼貌了,会主动说"谢谢""对不起"等,此时幼儿的是非观念仍很模糊,只知道受表扬的是好事,受指责的是坏事,喜欢接受表扬,听到批评会不高兴或感到很难为情。

(三)动作发展更加完善,体力明显增强

中班幼儿精力充沛,他们的身体开始结实,体力较佳,可以步行一定的路程。基本动作更为灵活,不但可以自如地跑、跳、攀登,而且可以单足站立,会抛接球,能骑小车等,手指动作比较灵巧,可以熟练地穿脱衣服、扣纽扣、拉拉练、系鞋带,也会折纸、穿珠、拼插积木等完成精细动作,动作质量明显提高,既能灵活操作,又能坚持较长时间。

(四)思维具体形象,根据事物的表面属性概括分类

中班幼儿的思维具有具体形象的特点,在理解成人语言时,经常凭借自己的具体经验,如教师说"一滴水,不起眼",儿童则理解成了"一滴水,肚脐眼"。这时期的儿童在已有感性经验的基础上,开始能对具体事物进行概括分类,但概括的水平还很低。其分类是根据具体事物的表面属性(如颜色、形状)、功能或情景等。如把苹果、桃、梨归为一类,认为这些水果可以吃,吃起来水分多;把太阳、卷心菜归为一类,认为这些都是圆形的;把玉米、香蕉归为一类,认为这些都是黄色的。

(五)对事物的理解能力逐渐增强

中班幼儿对事物的理解能力开始增强,在时间概念上,能分辨什么时间该做什么事情;在空间概念上,能区别前后、中间、最先、最后等位置;在数量上,能自如地数 1～10。对物体类别的概念也有初步的认识,会区别轻重、厚薄、粗细等。部分儿童还能分清左右,能把物品从大到小摆成一排。初步理解周围世界中,表面的、简单的因果关系,如能够明白种花若不浇水,花就会枯死的道理。

二、 幼儿园中班班级管理中出现的问题

(一)生活方面的管理

大多数老师能够对幼儿进行耐心照顾,但是缺乏细心,往往忽视细节,而且也会有对于个别幼儿的忽视现象。多数老师对于生活方面的管理,最大的问题表现为只是对幼儿进行管理而忽视对幼儿生活卫生习惯的培养。

(二)教学方面的管理

在教学方面,小组活动的次数比较少,玩教具的呈现没有考虑到幼儿注意力的特点,没能发挥玩教具的最大作用,有时还出现反作用,分散了幼儿的注意。老师对于教学活动缺乏主动的反思意识,或者多流于表面。

(三)班级环境方面

在环境的布置上没能做到以动态性与经济性原则为引导,在班级环境的布置上有浪

费的现象。在精神环境上,老师在师幼互动上缺乏平等、民主意识。

(四) 班级与家长交流管理

在班级管理中忽视家长的作用,没能充分利用家长资源,认为班级管理属于班级的工作,从而使家长不能了解班级工作,不能参与班级工作,造成班级管理的封闭。

三、 中班幼儿班级管理策略

(一) 教师要树立科学的管理理念,把握角色定位

教师作为班级管理的主要组织者,其所持有的管理理念不同,会使每个班级呈现不同的特点。幼儿教师要坚持以幼儿为本的理念,尊重幼儿个体差异,促进每个幼儿在原有水平上的发展。幼儿是正在发展中的个体,其身体、心理方面又是非常脆弱的,因此在班级工作中一定要多发挥认真负责的工作作风,及时排除影响幼儿发展的安全隐患。在班级管理过程中,教师还应把握好自己的角色,既是幼儿的朋友,又是幼儿的师长。作为朋友,教师应创编新颖、有趣的游戏迎合幼儿爱玩的天性,努力成为他们游戏中的伙伴,一起玩,一起分享。当幼儿遇到困难需要帮助时,教师应及时给予关心和帮助,教给幼儿解决问题的方法和策略,成为幼儿困难中的朋友。

(二) 抓住教育契机,规范幼儿行为

教育契机是对幼儿进行某种教育或解决某一问题时的最佳时机,它是在教育的实践过程中自然涌现出来的或是有意创设的某种事件或情境。游戏是幼儿最喜欢的活动,是现实生活中的真实反映,抓住游戏中的教育契机来培养幼儿的良好行为,在潜移默化中树立正确的行为概念,起到事半功倍的效果。单凭教师的空洞说教,枯燥乏味,只会引起幼儿的反感。如在娃娃家中,为了照顾娃娃,两个小朋友争来争去,无法正常开展游戏。教师走过去及时介入,"哎呀,娃娃发烧了,你们没有发现吗?"进行语言指导,帮助幼儿进行角色分配,孩子的注意力从争抢转移到娃娃身上,一个人负责给娃娃喂药,而另一个人给娃娃量体温,使游戏继续开展下去。抓住教育契机,有效地培养他们谦让、合作、责任心等良好的行为习惯。

(三) 利用角色扮演进行班级管理

在班级这个浓缩的小社会中,各种角色都会对幼儿产生重要的影响。班级管理的艺术,实际上也是角色管理的艺术。因而,教师要根据角色理论的启示,结合幼儿的心理特点,设置适宜又充满儿童情趣的角色,让每一位幼儿都在活动中找到最适合自己的角色,并在角色扮演中展示自己,完善自己。

1. 任务性角色扮演——在解决问题中萌发责任意识

任务性角色是让幼儿们扮演某种社会职业角色,模拟(或真实)履行这些角色的行为规范,通过完成角色职责逐步形成责任感。中班年龄阶段的幼儿喜欢表现自己,希望受到关注、肯定和夸奖,而任务性角色正好给了幼儿表现自己、受到别人关注与肯定的机会。

它的实质是让幼儿们扮演这些任务性角色,在解决问题、完成任务的过程中展现自我,在获得成功的过程中得到肯定,从而学会如何交往,如何解决困难,进而萌发最初的责任意识。

2. 生活化角色扮演——在互动中学会与他人相处

中班年龄阶段的幼儿喜欢和同伴共同游戏,合作行为明显增多,能主动地轮流和分享,但由于交往经验少,他们之间会经常发生矛盾,有时会因为同伴间的矛盾而感受到强烈的愤怒和挫折。好朋友这一生活化的角色正好促进了幼儿的交往发展,这里所指的好朋友角色扮演有别于其余日常活动中朋友间的交往,它是由"了解好朋友的秘密""制作名片""交换名""和好朋友一起游戏"等一系列专门的活动组成,这些生活中的角色使幼儿在不同的情境中以适当的行为方式与他人进行交往,从而增加与同伴的交往经验,形成良好的交往氛围。

3. 个性化角色扮演——在角色认同中获得成长

幼儿的个性千差万别,也是多侧面的,有些活泼开朗,有些内向胆小,有些调皮多动。个性化角色是尊重幼儿的个性,根据幼儿的个性、兴趣、特长和需要所设置的幼儿认同的非 大众化的角色。幼儿通过对这些自己认同角色的扮演,来感受和体验这些角色的行为,从而调整自己的行为。

(四)建立良好的班级常规,保证班级各种活动顺利进行

班级常规是为了保证幼儿生活活动、教学活动、游戏活动能够顺利进行,并培养幼儿良好的生活卫生习惯和自理能力而建立的规则。幼儿年龄小,自控能力差,自制力欠缺,因此常规教育要反复多次进行。教师要注意在一日生活中培养幼儿良好的生活卫生习惯。在进行常规教育时,要告诉孩子遵守规则的原因。常规的制定是为了帮助幼儿形成良好的习惯,因此可以采用多种手段执行常规。幼儿十分重视教师的表扬和鼓励,为此教师应积极利用幼儿的这一心理,对幼儿的良好行为给予肯定,特别是对能遵守常规的幼儿及时表扬,并鼓励其他幼儿像其学习,从而逐渐养成良好的行为习惯。如:培养幼儿的自理能力,解决幼儿不愿整理衣物的不良习惯,教师可以让以养成整理衣物习惯的幼儿做示范,展示给其他幼儿看,其他幼儿通过观察、模仿、学会整理衣物的方法。比如设立"我是小标兵"的光荣榜,给幼儿树立良好的榜样。

中班幼儿特点及
教育方法

四、 中班幼儿的年龄特点以及教育方法

1. 性格特点以及教育方法

中班的孩子年纪比较小,但是性格特点已经比较明显,有的孩子比较外向,有的孩子比较内敛,但是他们都很需要安全感,老师和家长应该多多关心他们,愿意陪伴他们。

2. 学习特点以及教育方法

中班的孩子学习能力已经增强了不少,对未知的世界非常好奇,越来越喜欢提问

了。家长和老师不要给孩子过多的学习压力,应该找到他们感兴趣的方面,好好引导学习。

中班的孩子运动能力已经很强了,能够稳稳地跑步、翻滚,这个时候可以根据孩子的兴趣,让孩子开始系统的学习运动方面的专长,比如学习跳舞、拍球等。

3. 人际交往以及教育方法

中班的孩子已经有意识地去结交好朋友了,在交朋友方面慢慢形成自己的喜好,喜欢跟有着相同兴趣爱好的小朋友在一起玩。家长和老师应该教育孩子对周围人友爱热情,遇到矛盾用沟通去解决。

4. 行为习惯以及教育方法

中班的孩子经过幼儿园一年的教育,行为习惯上已经慢慢规范化。要教育孩子自己的事情自己做,如吃饭、穿衣、洗脸等,还要养成早睡早起的好习惯。

5. 思维特点以及教育方法

中班孩子的逻辑思维能力在增强,已经能够理解简单的图形分类题目,老师和家长要鼓励孩子多多发挥想象力,平时可以画一些有创意的图画,多看有益的绘本书籍。

📖 案例分析

我会叠衣服

户外活动结束后,老师要求孩子把脱掉的外套放入收纳柜。但很多孩子并没有叠衣服,而是将衣服揉成一团塞进去。折叠衣服的方法教师已经告诉过孩子们,可是总是会有部分孩子不能很好地掌握。怎样才能让他们快速地掌握折叠衣服的正确方法呢?教师灵机一动,何不让小衣服也来"做操",用儿歌的形式引导幼儿呢?用儿歌的形式引导幼儿叠衣服,应该可以起到事半功倍的效果。

集体活动时,教师神秘地对孩子们说:"小朋友们都会做操,今天,我们来当小老师,教我们的衣服来做做操,好吗?"

"两扇大门关一关,(将衣服铺平,拉链拉上/纽扣扣好)

两只胳膊抱一抱。(将两只袖子向内叠)

点点头,弯弯腰,(帽子内收,衣服对折)

捏起两边放放好。"(双手捏住衣服两边,摆放好)

孩子们边读儿歌,边带领小衣服"做操",学中玩,玩中学,在愉快的游戏中不知不觉地将叠衣服的技能学会了。从此以后,每当孩子们叠衣服的时候,总能听到愉快的儿歌声,衣服乱丢乱放的现象不见了,衣服叠得又快又好。

分析与评价

对中班的幼儿来说,自理能力和动手能力还有所欠缺。上述案例中,教师发现部分幼儿未能掌握叠衣服的方法,便及时做出调整。生动形象、有趣的儿歌更容易吸引幼儿,大大激发了孩子的兴趣,与此同时,在幼儿掌握叠衣服正确步骤的同时,也锻炼了孩子的动手能力。孩子由原来的不会叠衣服、不愿叠衣服,转变为现在积极主动要求叠衣服。在这个过程中,教师抓住游戏中的教育契机来培养幼儿良好的行为,起到事半功倍的效果。幼儿学会折叠衣服,并不是活动的结束,而是通过幼儿的动手,提供给孩子积累大量生活经验的机会,同时让孩子在积极探索过程中,能对自己的能力有充分的认识。

第四节　大班幼儿的年龄特点及班级管理

幼儿园教育是基础教育的有机组成部分,也是基础教育的最前端。同时,幼儿园是幼儿学习和游戏的主要场所,也是教师和家长进行沟通交流的重要场所。幼儿园班级管理是对幼儿在园内一日生活活动管理的基础,是幼儿良好日常行为习惯的养成和一日生活活动的组织,因此幼儿园班级管理在学前教育阶段尤其重要。

一、大班幼儿年龄特点

幼儿园大班是幼儿三年学前教育的最后阶段,也是学前教育与义务教育过渡的重要时段。这一时期新的特点继续巩固和发展,概括性和有意性的心理活动表现更为突出。

(一)社会性和情绪发展

(1)自我评价能力初步发展,当别人的评价与自己的感觉不相符时,会表示反对和进行争辩,能够分辨谁可以帮助自己,谁不能帮助自己。

(2)多数幼儿有相对稳定的爱好和朋友。

(3)自我控制能力增强,初步能控制自己的外部表现,在园表现得越来越独立。

(4)规则意识增强,逐步能遵守集体制定的行为规则,如作息时间安排、区域活动规则等,并了解原因。

(5)合作意识增强,能与小组或几个同伴共同玩游戏和完成某些任务,愿意和小伙伴轮流,也会维护别人的权利,愿意经过协商达成协议。

(6)自律意识增强,在劳动中表现出一定的责任感和坚持性,爱护教室环境。

(二)身体和动作发展

(1)脑的结构已相当成熟,皮质兴奋和抑制过程进步加强,但仍不够平衡,兴奋强于抑制。

(2)动作的灵活性增强,能较熟练地做大肌肉运动,如单脚跳、多种方法玩球、玩绳等。

(3)平衡能力提高,能攀爬、滑行等,在宽木条上往前走比较顺利,但后退走还有些困难,能够轻松地爬上斜坡、楼梯、梯子或玩滑梯。

(4)精细动作机能得到较大提高,能较自如地控制手腕和手指动作,有目的地操作物品,灵活地使用一些工具,如剪刀、锤子等,能规划和照顾到更多细节,如用泥捏出造型的精细部分。

奔跑吧！多米诺

（三）认知能力

（1）无意注意进一步发展，对感兴趣的活动能集中较长的时间，有意注意有了一定的稳定性和自觉性，有了初步的任务意识。

（2）观察的目的性有所提高，能主动观察周围感兴趣的事物，并寻找相关资讯，如芽和树的变化、蚕和蝌蚪的变化等，并能掌握一些观察方法。

（3）记忆的有意性有了明显的发展，能主动记忆所学的内容或成人布置的任务；抽象逻辑思维开始萌芽，能根据事物的本质属性进行初步的概括分类，能分析、理解事物间的相对关系，了解位置之间的关系会随一个人观察的位置而改变；能进行二次分类，并能说出理由；在不断尝试中，归纳出两种或两种以上的物理特性来排列物体，运用一一对应的方式比较两组物品。

（4）求知欲和探索欲强，常常会提出"这是什么""为什么""怎么做"等问题，能使用一些材料和工具进行操作、做科学实验等，渴望寻求科学的答案。

（5）能数到 10 左右，能将数字、数字符号和数量对应起来，并知道数到最后一个数字就代表它的数量。

（6）能参与复杂而持久的角色扮演游戏，有计划地使用扮演道具玩扮演游戏，有计划地创造出越来越复杂的象征游戏。

（四）语言能力

（1）内部言语逐渐在自言自语的基础上形成，言语对行为的调节功能逐步发展起来，词汇量迅速增加。

（2）语言表达能力明显提高，能较清楚连贯，甚至有表情地描述事物讲得生动。

（3）能较好地用语言与同伴、成人进行沟通交流，能参加争论，能自信地表达个人的观点和主张，可以引起对话，或延伸和别人的对话，至少来回 4 次，遵从两个以上的指令。

（4）问的问题越来越复杂，想了解更多事情。

（5）开始对文字符号产生兴趣，会创造自己想象的文字，能较独立、专心地阅读图书，寻找书中的信息，理解能力不断增强。

（五）艺术表现

（1）艺术表现欲望增强，喜欢用多种方式表达自己的认识和情感。

（2）音乐的感知和表现能力增强，能通过自己的想象，感受和表现几种不同风格的音乐或舞蹈，具有一定的创造能力。

（3）能用多种材料和使用辅助工具等进行美术创作，能欣赏不同风格的美术作品。

二、 班级管理中存在的问题

（一）班级系统管理意识淡薄

在大班班级管理中，由于大班幼儿自主意识发展，开始有了自主管理能力，教师更注

重班级事务和班级秩序的管理,缺少系统管理的意识。制订的班级活动管理计划和班级活动管理实际相脱节,并且教师缺乏主动管理、主动反思和主动改进的整体相结合的意识。

(二)教师班级管理理念偏差

大班幼儿不像中小班的幼儿,他们开始有自己的想法,思维也比较活跃,开始有自我管理意识。所以,有些大班带班教师认为大班的班级管理实际上就是维持班级秩序、纪律和对幼儿实施教育教学活动,并做好"幼小衔接"的工作。在大班班级管理过程中,没有意识到大班班级管理的目的是真正发展大班幼儿的自我管理意识和提高大班幼儿自我管理的能力。在班级规则制定时,也是以班级纪律作为班级管理的出发点,统一标准,统一要求,忽视幼儿的个体差异性。

(三)教师不会合理利用环境资源

大多数大班教师认为大班幼儿已经较为懂事,所以多以普通的口头教育,告诉幼儿要怎么样,要求幼儿不能怎么样,不会合理利用周边物品资源和其他生活情境创设和幼儿沟通交流,进行合理的班级管理。比如:在幼儿注意力不集中,互相嬉闹,不跟着教师思维走时,教师多只会叫幼儿姓名进行提醒,而不是利用周边资源吸引幼儿注意力,调动幼儿的积极性。

(四)大班教师角色固定,师生互动缺乏

受传统教学的影响,教师角色基本固定为领导者、管理者。事实上在《纲要》中,教师应该扮演《纲要》的实施者,教育活动的组织者、领导者和扮演者,幼儿学习活动的支持者、合作者和引导者。这就要求教师要理解幼儿,鼓励幼儿和支持幼儿。而大班教师认为大班幼儿已经较为懂事,所以角色基本固定为管理者,一味地强调规则和纪律,只会让幼儿对教师产生恐惧而服从。

三、 大班幼儿班级管理策略

(一)树立积极的大班班级管理理念

有效的班级管理的基础和前提是教师具有先进的班级管理理念。那么大班教师作为班级管理的主导者,必须对班级内的人、事、物进行全面管理。由于幼儿是班级管理的主要对象,这就要求教师要树立以幼儿为主体,尊重幼儿的个体差异,促进幼儿全面发展的班级管理理念。例如:幼儿轮流当值日生,给植物角的小花小草浇水。幼儿通过自我推荐、公平竞争或表现进步的方式选出小班长,小班长负责督促其他幼儿,节约用水,图书角保持安静等。幼儿参与班级管理,有自我成就感,真正成为班级的小主人。

(二)创设舒适轻松自由的班级环境

1. 充分利用有用资源,创设安全舒适的活动环境

教育的重要性就在于给幼儿提供适宜的活动环境。大班幼儿开始有自我意识,他们

在活动时有了自己的想法。所以进行大班班级管理时在保证幼儿安全的情况下,要充分利用资源为幼儿创设一个舒适轻松的班级环境。例如:在设置区角活动时,在保证幼儿安全的情况下,要考虑环境的舒适度和自由度,目的就是要让幼儿可以投入并喜爱该区角活动。教师不要过多干涉,让幼儿轻松自主地进行游戏。

2. 为幼儿营造轻松快乐自由的班级教学氛围

教师要尊重和接纳每一名幼儿,大班幼儿在进行班级教学活动时,教师要给幼儿营造轻松快乐的氛围,同时要作为幼儿活动的组织者、引导者、支持者和活动者在一旁陪伴着幼儿,让幼儿愿意活动,喜欢活动和敢于活动。例如,教师营造与家庭相似的宽松、安全、温馨的氛围,给每一位幼儿发言和展现自我的机会,让幼儿愿意投入教学活动中。在幼儿活动过程中千万不要过多干涉。

(三)挖掘幼儿自主游戏价值

让幼儿进行自主游戏是为了使其主动性、创造性、身心健康得到培育发展,因此,要想实现真正意义上的自主游戏,教师还应当学会运用教学手段挖掘幼儿自主游戏价值。在幼儿游戏过程中,教师要充分调动幼儿游戏积极性,加强幼儿之间的沟通交流,让幼儿自由挑选感兴趣的游戏,在游戏过程中真实展现自我,彼此互相学习、沟通经验,加强幼儿游戏过程中互动的层次和范围,让幼儿在自主游戏过程中不断充实自己、发展自己。

(四)建立良好的师幼关系

1. 积极主动做好班级管理者,充分发挥幼儿为主体的作用

作为班级的管理者,教师要有权威性,要进行适时的管理和引导。绝对不能忽视以幼儿为主体。考虑问题是要从尊重幼儿和促进幼儿全面发展出发,并且在活动中满足幼儿的身心需求。例如,适时的夸奖和表扬,安排幼儿配合帮助教师的任务,等等。

2. 积极做幼儿学习活动的支持者和合作者

在开展教育教学活动时,大班教师要以幼儿活动的支持者和合作者的身份适时出现,不能再以管理中小班的管理者的角色去要求和命令大班幼儿必须按照自己的意愿或刻板的规定进行活动,而是作为大班幼儿的支持者、合作者,在幼儿参与活动遇到困难时对幼儿进行帮助和辅助,更可以"蹲下来"和幼儿一起进行合作配合,共同完成活动内容或作品。让幼儿喜欢和享受教学过程,并愿意和期待下次与教师进行教育教学活动。例如,在幼儿进行角色扮演区角活动(超市游戏)时,不知道如何叫卖时,教师适时提醒"哎呀,大宝,你的水果真新鲜,我好想买一个呀!"教师也可以适时参与进去"小宝,我也想买一个梨子。"

3. 积极做幼儿活动的组织者

在幼儿积极性不高,或者班级秩序混乱时,教师要主动进入活动组织者的角色,组织幼儿快速安静投入新的活动中,并调动起幼儿的积极性,让幼儿愿意配合活动。例如:由于大班幼儿思维较为活跃,那么教师可以利用特殊的方式,发出"咦"的声音,并将手放进口袋,眼睛看向口袋,并做出很好奇的表情,吸引幼儿的注意,以此调动幼儿的好奇心,让他参与到猜测口袋里有什么东西的游戏活动中,后续组织"认识物"的活动。

(五)教师之间团结协作,有利于管理工作的顺利开展

班主任是一个班级的领头人,要以身作则携同同班老师一起作好本班的各项工作,必须尊重班级的各位老师。比如,对于班级的各项活动开展,班主任要与其他老师共同商量,征求意见,统一管理标准,落到实处,保持规则的一贯性,对待全体幼儿一视同仁。例如,上课说话先举手、喝水要排队、脱掉外套要叠好等。这些规矩一旦制定,教师在一日生活的各环节培养幼儿的规则意识,经过一定时间的督促和练习,幼儿就会逐渐自发地去遵守和执行这些规则。

(六)加强与家长沟通,促进班级管理的有序开展

1. 与家长建立友好的信任关系

教师坦诚与家长沟通,慢慢取得家长的信任。比如,在平时的工作中,孩子的衣服穿反了、鞋子穿错了等,对于这些鸡毛蒜皮的小事,要当成一件大事来做,每次午睡过后,认真检查每位孩子的穿着,帮她们梳好头发。活动前后督促幼儿洗干净小脸、小手,及时增减衣服。他们认为这是教师对他们孩子的关爱,家长对教师工作的满意程度提高了,彼此的关系也就亲近了。此外,对于一些特殊性格孩子的教育,教师应做到个别与家长交流,帮助家长共同教育孩子。

2. 用平等、谦虚的态度和家长交流

与家长沟通是要讲究技巧的。教师不能以教导的口吻与家长说话,应以平等、谦虚的态度和家长沟通。如请家委会代表与教师一起商讨家长开放日、亲子活动、六一活动、毕业典礼活动等方案设计。让家长知道,只有家长切实地参与,才能促使幼儿身心和谐地发展,才能使班级的各项工作顺利地开展。

知识拓展

教师要根据不同年龄阶段幼儿不同层次的发展水平和个体差异,指导幼儿实现喝水环节中的自主管理,逐步提高幼儿主动喝水的意识和能力。

大班喝水活动

以大班幼儿为例,教师可以从以下几方面对喝水环节进行指导。

1. 关注幼儿喝水情况,及时提醒和引导喝水时聊天、打闹以及拿着杯子乱跑的幼儿,表扬有序等待和在固定区域安静喝水的幼儿。

2. 帮助幼儿了解水对人体健康的作用,引导幼儿根据身体需要及时调整自己的喝水量,比如,天气炎热、小便发黄时要增加喝水量,饭前半小时不宜喝水,户外活动结束后休息片刻再喝水,等等。

3. 提醒幼儿用正确的方法端取水杯,接适量的水,幼儿喝完水后将水杯送回固定位置,并学会记录自己当日的饮水量。

4. 引导幼儿讨论、自定喝水规则,幼儿愿意自觉遵守。

5. 与幼儿充分沟通,以保证幼儿在"最佳喝水时机"适量喝水,使幼儿逐步养成在"最佳喝水时机"及时喝水的习惯。

✦ 本章小结

　　班级是幼儿学习和生活的主要场所,教师作为班级管理工作的主要执行者,需要具有计划、组织、协调和指导等能力,能结合幼儿教育理论和管理理论,恰当合理地安排和分配班级的人、事、物、时间和信息,将班级管理的基本原则和方法落实在幼儿的一日生活之中,班级管理中最重要的和最直接的管理对象就是幼儿。本章根据不同年龄段幼儿的发展特点,从幼儿的教育活动管理、生活活动管理、游戏活动管理等管理工作进行研究,分析各年龄段幼儿班级管理的特点,并探讨班级管理的有效策略,促进幼儿园工作质量的提高。

实训内容

　　(1) 熟悉掌握幼儿各年龄段的特点。

　　(2) 学生 4~5 人为一组,参观一所幼儿园,结合本章的学习,设计一份大班年龄段的一日活动。

　　(3) 小组讨论:深入一所幼儿园,观察幼儿的活动,并结合观察记录分析幼儿的年龄特征。

同步练习

　　(1) 托班班级管理的内容有哪些?

　　(2) 结合实践谈一谈小班幼儿的年龄特点。

　　(3) 对大班幼儿进行管理的策略有哪些?

第七章
幼儿园班级环境创设

学习目标

- 了解幼儿园班级环境的基本组织形式及特点。
- 掌握创设幼儿园班级环境的原则及价值。
- 了解幼儿园班级环境创设的常见问题及解决策略。

任务导入

- 结合所学的理论知识,组织学生到幼儿园参观,分析该园的环境创设状况。
- 参与幼儿园班级环境创设,体验环境创设形式的多样性,提升学生环境创设的实践能力。
- 了解各年龄段幼儿身心发展特点,能针对幼儿身心发展规律,并按照幼儿园环境创设的原则,科学地设计幼儿园班级环境。
- 指导学生掌握构建幼儿园班级环境的策略,并能进行分析、评价,适时作出调整。

《纲要》明确指出,"环境是重要的教育资源,应通过创设并有效地利用环境促进幼儿的发展""幼儿园应为幼儿提供健康、丰富的生活和活动环境,满足他们多方面发展的需求,使他们度过快乐而有意义的童年",幼儿的发展是在与周围环境的相互作用中得以实现的。环境对幼儿身心发展具有潜移默化的作用,被认为是幼儿园的"第三位老师",在幼儿的成长过程中发挥着不可替代的作用。广义的幼儿园环境是指幼儿园教育赖以进行的一切条件的总和,它包括幼儿园内部小环境,又包括园外的家庭、社会、自然、文化等大环境。狭义的幼儿园环境是指在幼儿园中,对幼儿身心发展产生影响的物质与精神的要素的总和。因此,幼儿园环境按性质可分为物质环境和精神环境两大类。教育者应根据幼儿园教育的要求和幼儿的身心发展规律、需要,充分挖掘和利用幼儿生活环境中的教育因素,并创设对幼儿起积极作用的活动场景,把环境因素转化为教育因素,以促进幼儿身心主动发展。

第一节　幼儿园班级物质环境的创设

班级环境是幼儿园环境的重要组成部分,也是幼儿游戏和各种探索活动的重要场所。《纲要》中明确提出:"环境是重要的教育资源,应通过环境的创设和利用,有效地促进幼儿

的发展。"良好的班级环境是一本立体的、多彩的、富有吸引力的无声教科书,能够发挥巨大的教育作用,因此班级环境的有效创设对促进幼儿的身心、社会化以及个性可持续健康发展有着非常重要的作用。

一、 幼儿园班级物质环境概述

幼儿园班级物质环境是指班级内对幼儿发展有影响作用的各种物质要素的总和,包括基本设施设备、墙面、活动区域以及各种材料等。班级物质环境不仅是幼儿重要的生活条件,还是一种重要的教育资源。良好的环境使幼儿耳濡目染,起到潜移默化的作用,在开发智力、提升能力、激发幼儿探索兴趣等方面有着不可忽视的教育作用,对幼儿的健康成长有着重要的意义。

二、 幼儿园班级物质环境构成

班级物质环境是重要的教育资源,班级环境是由多种要素构成的复杂系统,物质环境是物化形态的环境,是显性的环境,主要指班级内部的一些硬件条件、设施、设备、活动材料、时间、空间等。这些不同因索相互联系、相互作用,共同构成班级物质环境这个特有的系统。

(一) 生活环境、游戏环境、学习环境

从环境的功能来看,幼儿园班级环境包括生活环境、游戏环境和学习环境。

生活环境,主要是指班级全体成员生活的设施设备以及让班级成员进行各种生活活动的区域,如卫生间、活动室、过道走廊等以开展保育为主的区域。

游戏环境,主要是指幼儿开展各种游戏的区域,如创造性游戏区、科学区语言区等可让幼儿进行自由游戏的区域。

学习环境,主要是指相对游戏区域而言,教师组织学习活动的场所。这个环境与游戏环境在某种程度上有相当大的重合。

(二) 制度环境

班级制度环境包括班级内张贴的各种游戏规则、行为常规等,班级制度环境对班级成员具有约束和制约作用,对幼儿的发展起着潜移默化的作用。马兰德曾说过,"公平地说,班级的物质环境可以是教学的伙伴或者敌人,班级活动的艺术是使用教室本身。班级物质环境的安排能够增强管理、学习和共同工作的快乐"。班级制度环境是班级物质环境的一部分,对班级的管理和各项工作的开展起着重要作用。

三、 幼儿园班级物质环境特点

班级物质环境创设指活动室教学情境的设计,它对置身于其中的个体会产生潜移默

化的作用。正如杜威所说的,"要想改变一个人,必须先改变环境,环境改变了,人也就被改变了"。说明了环境对一个人成长的重要性。班级是师幼进行教与学的场所,它需要有丰富的教学资源,以保证教学活动的顺利开展,理想的班级环境布置应该是动态与静态并重,内涵和美化兼备。具体而言,应体现如下特点。

1. 教育性

琳琅满目、热闹异常的环境布置并不一定具有教育意义,要使环境具有潜移默化的教育功能,就要强调活动室布置的教育性,有利于对幼儿良好品质的培养,使他们能够获得认知,形成有爱心、有责任心等优秀的品质。

2. 生动性

活动室布置不可能一劳永逸,应随着教学需要不断更新,以丰富的内容刺激诱发幼儿快乐学习的情绪,并兼顾幼儿掌握知识的需要。

3. 安全性

活动室布置除了要考虑空间因素外,还要格外注意所陈列物品的安全性,危险物品或具有潜在危害的物品应放在幼儿触及不到的地方,以免幼儿因好奇、好动而发生意外。

4. 实用性

活动室布置的目的之一是为教学活动服务,让幼儿通过与环境互动更深刻地理解学习内容。所以,理想的活动室环境不在于华丽的装饰,而在于能配合教学活动的展开帮助幼儿观察、思考和实践,具有实用价值。

5. 美观性

活动室的色彩和氛围会影响幼儿的情绪。在造型设计和色彩选择上要力求简洁、美观、协调,让人感到舒适、愉悦;要以科学理论为依据,不能以教师的喜好为依据。

四、 幼儿园班级物质环境创设的意义

(一)有利于幼儿身心健康发展

在幼儿教育的实践和探索中,人们越来越重视环境的作用。《纲要》中明确指出:"环境是重要的教育资源,应通过环境的创设和利用,有效地促进幼儿的发展。幼儿园的班级是幼儿学习、生活的场所。"

幼儿身心发展包括生理和心理发展两个方面。他们的发展都要受到遗传、环境和教育等多种因素的影响。遗传素质为幼儿身心发展提供了物质基础和可能性,但是这种可能性要转化为现实,还需要恰当的环境和良好的教育。幼儿时期身体发育还不成熟,各个器官的功能还不完善,对环境的适应能力还很弱,抵御疾病的能力差。因此,幼儿园应为他们提供足够的生活和活动空间,提供安全可靠、清洁卫生的保教环境,以促进他们的身体健康成长。幼儿的心理过程带有明显的具体形象的特点,易受外界环境和周围人的情绪所影响。情境、环境对幼儿的心理具有非常重要的作用。因此,我们应为幼儿创设一个和谐有序、丰富多彩、充满爱的氛围和家的温馨这样一种环境,以促进幼儿心理健康发展。

（二）有利于开发幼儿智力，开阔幼儿视野，丰富幼儿想象力

环境不仅可以萌发幼儿良好的情感，促进幼儿心理健康成长，而且对于开发幼儿智力，开阔幼儿视野，丰富幼儿想象力，具有十分重要的作用。研究表明，幼儿获得知识的途径大致可分为两种：一种是通过语言传递从成人那里继承前人积累的知识和经验，我们称为接受性学习；另一种是依靠亲身实践，在实践中设和班集体建发现自己原来所不知道的东西，从而获得直接的经验，我们称为发现性学习。幼儿时期思维尚处在具体形象阶段，很难完全脱离具体的感性材料、感性经验去理解知识。因此，对幼儿来说，占优势的不是接受学习而是发现学习。发现学习是幼儿获得知识的重要途径。根据幼儿的这种特征，幼儿园应千方百计为幼儿创设亲身实践的条件和场所，让他们在操作活动中主动学习、主动发现，真正成为学习活动的主体，在同环境的亲密接触中，开发智力、开阔视野、陶冶情趣、丰富想象力、激发创造力。

（三）有利于幼儿良好品德行为、性格习惯的形成

《纲要》把社会常识纳入幼儿教育的重要内容，明确指出要"以多种方式引导幼儿认识、体验并理解基本的社会行为规则，学习自律和尊重他人"，以期实现"爱父母长辈、爱老师和同伴、爱集体、爱家乡、爱祖国"的教育目标。市社会知识、行为规范的形成离不开集体，离不开环境。人是生活在一定的物质环境和精神环境之中的，各种物质和精神的因素都会不同程度地对幼儿产生影响。在对幼儿进行品德行为的培养过程中，需要为幼儿创设良好的教育环境，特别是创设良好的精神环境。要让孩子生活在充满爱、相互尊重、宽松、没有压力的精神环境中。这种和谐愉快的社会环境和心理环境，有利于幼儿良好品德行为和性格习惯的形成。

（四）有利于陶冶和增强幼儿感受美和表现美的情趣

人的审美能力是后天从小培养起来的。在幼儿园有目的有计划地引导幼儿参加各种实践活动，进行美育，可以更有效地促进他们对美的感受力、理解力和表现力的发展。幼儿园良好的教育环境为幼儿提供了一个善化、绿化、净化、儿童化的最佳环境，幼儿置身于这种环境中，可以亲身感受环境的美，从而陶冶性情，净化心灵。良好的充满爱心的教育环境，使幼儿在美的体验中，分清好坏，增强辨别善恶的能力和鲜明的爱憎情感。良好的教育环境，给幼儿以充分的活动机会和条件，让幼儿在与环境的相互作用中亲身感知、亲自实践，将自己在日常生活中对美的印象和感受具体地表现出来，不仅加深了理解，而且发展了寻美的表现力。幼儿在各种活动中不断追求美、探索美、理解美和表现美，受到良好的美的熏陶，为他们形成良好的审美情趣打下基础。

五、 幼儿园班级物质环境创设原则

班级物质环境创设应以与利于幼儿的全面发展为目标，同时应遵循以下几条基本原则。

（一）安全性原则

安全性原则主要是指幼儿园的园舍建筑、设施设备、活动场地、玩教具等物质条件必须要符合国家颁布的相关卫生标准和安全标准，不会对幼儿的身体或心理造成危险或安全隐患，不造成幼儿畸形发展。安全的幼儿园环境是幼儿身心健康发展的首要条件，只有在安全的环境里，幼儿的健康发展才能获得保障，幼儿才有可能获得自由快乐的发展。《纲要》中明确指出，幼儿园必须把保护幼儿的生命和促进幼儿的健康放在工作的首位。幼儿的身心发展非常迅速，但身体各部分的机能不够完善。强烈的好奇心使幼儿对外部世界充满了探究的愿望，什么东西都想摸一摸、动一动，再加上幼儿的自我保护意识缺乏，自我保护能力较差，所以这个时期特别容易出现意外事故，伤及幼儿身心。这就要求幼儿园教师在进行环境创设时必须遵循安全性原则，确保幼儿的身心健康。

贯彻安全性原则，可以从身体安全和心理安全两个方面来考虑。

（1）要确保幼儿身体的安全。确保幼儿身体的安全，应该重点从幼儿园园舍建筑、设施设备以及玩教具等方面来考虑，《规程》中明确提出："幼儿园的园舍应当符合国家和地方的建设标准，以及相关安全、卫生等方面的规范，定期检查维护，保障安全。幼儿园不得设置在污染区和危险区，不得使用危房，幼儿园的设备设施、装修装饰材料、用品用具和玩教具材料等，应当符合国家相关的安全质量标准和环保要求。"幼儿园的桌子、椅子、玩具柜等设施要进行抹角处理，大型器械要派专人负责，定期进行安全检查。环境装饰不宜过于花哨，应确保安全。幼儿使用的玩具、教具要安全卫生，确保制作材料无毒无害。

（2）要充分关注幼儿心理的安全。幼儿对外部世界有着强烈的好奇心和探究欲望，探究行为是幼儿在确保心理安全的前提下发生的。心理安全是指个体希望获得稳定安全、秩序、保障，免受恐吓，内心充满安全感的需要。因此，幼儿园教师在进行环境创设时，还应该充分关注幼儿心理安全的满足。如果忽视幼儿的身心发展特点，仅仅从成人的视角来创设环境，就容易给幼儿带来陌生感，从而使其产生心理焦虑，这样幼儿园环境对幼儿的教育作用也就无从谈起了。

（二）教育性原则

教育性原则是指幼儿园环境的创设应该具有教育性，符合幼儿园教育目标的要求，充分发挥幼儿园环境的教育功能。环境是幼儿园课程的重要组成部分，创设幼儿园环境时只有充分考虑环境的教育性，才能保证环境育人功能的发挥，要实现幼儿园环境的教育性功能，就应该做好以下两个方面的工作。

（1）环境创设要有利于教育目标的实现。幼儿园教师在进行环境创设时，应该认真分析幼儿园教育的目标，并结合教育目标进行有针对性的环境设计，发挥环境潜移默化的教育功能。

（2）实现环境与幼儿园课程的巧妙融合。首先，环境要支持课程的开展，获得环支持的课程才能真正发挥其教育功能。课程实施的过程中，教师应该思考创设哪些环境来辅助教学，切实提高教学的效率。其次，环境也能生成课程，良好的环境蕴含着无穷的教育契机，教师要善于把环境中蕴含的教育契机转化成课程，对幼儿施加影响。

（三）适宜性原则

适宜性原则是指幼儿园环境创设要与幼儿身心发展的特点相适应。满足幼儿发展的多种需要，促进幼儿身心和造健康发展。

幼儿正处于身体，心理迅速发展以及个性形成的重要时期，发展是幼儿在这一时期的首要任务，幼儿园的环境创设应该从保护和促进幼儿身心健康的角度出发，与幼儿身心发展的特点和需要相适应，尊重幼儿的兴趣爱好和个体差异。比如：幼儿天性好奇，有强烈的探索愿望，教师就应为幼儿创设问题情景，使幼儿有发现问题、解决问题、提高思维水平和动手能力的机会；幼儿知识经验少，需要积累感性知识，教师就应多为幼儿提供接触实物、实景的机会。

贯彻适宜性原则，可以从以下两个方面来考虑。

（1）要适合幼儿的年龄特征。一般来说，小班更加注重情趣，中班更加注重变化，大班则倾向于综合，幼儿园教师在创设环境时应创设符合幼儿年龄特征的环境，以满足幼儿发展的需要。

（2）要适合幼儿的个性特点。幼儿正处在身体、心理迅速发展的时期，这种发展既有共性的特点，也有个性的特点。幼儿园教师应该尊重幼儿在兴趣爱好、能力水平以及学习方式等方面的差异，灵活地设计幼儿园环境，以促进幼儿的个性发展。

（四）参与性原则

大班自然角活动

参与性原则是指在环境创设的过程中，充分尊重幼儿的主体地位，积极引导幼儿参与环境创设的过程，并与环境发生积极有效的互动，发挥环境的育人功能。

幼儿园环境的价值不仅蕴含在环境中，还蕴含在环境创设的过程中，更蕴含在幼儿与环境的互动过程中。因此，幼儿园环境的创设应该尊重幼儿在环境中的主体地位，调动幼儿创设环境的积极性和主动性，创造条件鼓励幼儿在与环境互动的过程中得到发展。

贯彻参与性原则，可以从以下两个方面来考虑。

（1）要积引导幼儿参与环境创设的过程。当前幼儿园环境创设的过程更多是从教师的视角展开的，幼儿关注和感兴趣的内容往往被忽视，这影响了环境教育作用的发挥，陈鹤琴先生明确指出："通过儿童的思想和双手所布置的环境可使他对环境中的事物更加认识，也更加爱护。"因此，教师应该学会如何领导儿童运用大脑和双手来布置环境，尊重幼儿的需要，搜集幼儿对环境设计的意见和建议，调动幼儿参与环境创设的积极性、主动性，使环境创设的过程变成教育的过程，环境育人的功能才能实现。

（2）要鼓励幼儿与环境发生有效的互动。环境只有与幼儿发生互动，才能对幼儿的发展起到促进作用，因此，在环境创设完成后，幼儿园教师还要提供机会鼓励幼儿与环境积极互动，在与环境互动的过程中，幼儿通过实践操作、亲身体验，获取对身心发展有益的经验。

（五）开放性原则

开放性原则是指创设幼儿园环境不仅要考虑幼儿园内的环境要素，同时也要考虑幼儿园外的环境要素，使两者有机结合，协同一致对幼儿施加影响。幼儿园环境创设应该从空间、内容和参与者等多个方面体现出开放的理念，形成立体综合的幼儿园环境系统，对幼儿持续地发挥教育影响。

贯彻开放性原则，可以从以下两个方面来考虑。

（1）突破传统思维限制，把环境创设从幼儿园内部延伸到幼儿园外部。周围的环境会或多或少地影响幼儿身心的发展，幼儿园内部环境只是其中之一，要想发挥环境育人的最大功能，就应该突破传统思维，融合幼儿园、社区、大自然环境的优势，发挥整体环境的育人功能。

（2）打破传统教材、主题活动的限制，回归幼儿的生活，应选择与幼儿生活经验息息相关的内容，这样的环境更接地气，更能引发幼儿的共鸣，激发幼儿探究的兴趣。

（六）经济性原则

经济性原则是指环境创设过程中，幼儿园应该结合本园实际条件，因地制宜，突出特色，考虑实效，以最小的投入换取最大的产出，勤俭办园。每个幼儿园都应该结合本地区的实际情况和自身的经济实力以及幼儿身心发展的需要，发挥地方资源优势，就地取材。如收集废旧物品，精心处理再利用。花小钱办大事。

贯彻经济性原则，可以从以下三个方面来考虑。

（1）充分挖掘地方资源优势，降低环境创设成本。相对来说，每个地方都有自己的资源优势，正所谓靠山吃山、靠水吃水，幼儿园应该充分利用好当地的资源优势，就地取材，从而降低办园成本。与此同时，熟悉的材料还容易消除孩子的陌生感，提高幼儿与环境的互动性，可谓一举两得。比如：北方木材较多，可以围绕木材进行环境创设；南方竹子较多，则可以充分挖掘竹制品的环境创设价值。

（2）废旧物品再利用，降低环境创设成本，同时提高幼儿参与环境创设的积极性。纸箱、鞋盒、烟盒、酒盒等包装盒，酒瓶、饮料瓶、矿泉水瓶等都可以成为装饰环境的材料。通过收集整理、二次加工、装饰布置的过程既可以培养幼儿的动手能力，又可以帮助幼儿获得一定的成就感。

（3）提高环境的使用效率，最大限度地实现环境育人的功能。创设环境的最终目的是激发幼儿的活动兴趣，促进幼儿的身心发展。环境只有与幼儿发生互动，才能发挥其教育价值。所以，环境创设完成后，要给幼儿充足的机会与环境互动，而不是成为一种摆设，浪费资源。

（七）动态性原则

动态性原则是指幼儿园环境创设不是一成不变的，应该根据幼儿兴趣热点的转移、季节的变化、主题活动的开展等及时调整环境布置。陈鹤琴先生曾指出："环境中布置的东西如果长时间一成不变，就会失去教育意义。"环境的设计变化必须根据孩子兴趣的变化

而变化,兴趣是最好的老师,环境如果能及时地追随幼儿兴趣的变化,便会激发幼儿不断思考,使幼儿享受探索的快乐和幸福。因为怕麻烦或嫌浪费时间和材料,呆板地一学期甚至一年才改变一次,就失去了环境创设的意义和价值。

贯彻动态性原则,可以从以下四个方面来考虑。

(1) 随着自然现象和社会生活的变化而改变。陈鹤琴先生认为,"自然现象,四时不同如果依时令,利用每一时季中的特殊自然物来布置,可以使儿童认识各种不同的自然现象,这是很有意思的"。随自然现象和生活变化而调整的环境,能够给幼儿带来丰富的感性刺激,帮助幼儿认识周围环境中的事物,了解事物与事物之间的关联。

(2) 结合教学主题的变化而变化。为了满足幼儿不断发展变化的需求和教育主题的变化,在环境的空间布局和材料投放上几乎每隔一段时间就应该进行重新设计和布局。

(3) 根据幼儿兴趣热点的转移而调整。

(4) 随着幼儿生活经验的拓展而调整。

六、 幼儿园班级物质环境创设常见问题

《规程》中明确指出,"要创设与教育相适应的良好环境,为幼儿提供活动和表现能力的机会与条件,促进每个幼儿在原有的水平上得到不同的发展"。这是幼儿教育的基本任务之一。然而,目前一部分幼儿园的环境创设仍存在着一定的问题。

(一) 以教师为主,忽视幼儿在环境创设中的主体地位

当前,幼儿园环境更多由幼儿园教师完成,幼儿仅仅充当一名观赏者,机械地接受教师的安排。这样的环境创设,束缚幼儿思维的发展,不利于个性和创造力的培养,无形中扼杀了幼儿参与环境创设的主体性和积极性。为了环境的整体性、美观性,部分教师全凭自己感觉设计班级环境创设的形式和内容,很少顾及幼儿感受,听取幼儿的建议和意见,无法和孩子进行有效的互动,影响孩子的身心发展。

幼儿教育工作者必须认识到:幼儿是环境的主人,环境创设必须关注幼儿身心发展的需要,环境创设的过程应该是师生共同完成,幼儿园环境的教育性不仅蕴含在环境之中,更蕴含在环境创设的过程中。因此,教师应激发幼儿参与环境创设的意识,发展幼儿创设环境的能力。

(二) 缺乏环境创设的动态发展

教师在学期初的环境创设中忙得席不暇暖,可一旦环境创设完成,经常存在一个学期都不加以改变的现象,当然这其中有经济方面和教师爱惜劳动成果的原因。然而,随着教育主题的变化以及幼儿兴趣点的转移,一成不变的环境肯定没有持久吸引力,是无法满足幼儿身心发展需求的。幼儿园环境必须随教育主题的变化、幼儿兴趣热点的转移以及季节的变化及时调整更新,以激发幼儿参与的积极性,从而培养他们的创造力和探究能力。

此外,幼儿的发展不是被动地接受环境影响的过程,而是主动与环境互动的过程。教师创设环境的根本目的是激发孩子的学习活动,促进幼儿的发展。因此,教师完成环境创

设以后,还必须引导幼儿与环境相互作用,促使环境真正促进幼儿身心发展,避免精心设计的环境成为一种摆设。

(三) 环境创设的形式化和片面化

班级环境创设的形式化主要表现为部分幼儿园教师把工作重点放在环境创设的整齐美观、井然有序上,而忽视环境对幼儿的教育价值。教师为了美观而装饰,为了有序而布置,只追求外在的形式,忽略了环境创设的真正意义。例如,美工区布置精美,材料丰富、种类繁多,摆放有序,可展示的大都是教师成品,幼儿未能真正获得参与的机会。

班级环境创设的片面化主要表现在教师缺乏整体意识,在创设的过程中只从小细节入手,内容零散、简单,未能宏观地把控全局,忽略环境的整体性和完整性。部分教师只注重室内主题墙面的布置,忽视走廊、吊饰等其他空间对教育所隐藏的功能。这种片面的环境布置,极不利于幼儿的全面发展。

(四) 环境创设中未充分考虑适宜性原则

适宜性原则包含两方面内容:一是年龄适宜性,即班级环境创设应与幼儿身心发展的特点和发展需要相适宜;二是个体适宜性,即班级环境创设应适应幼儿的个体差异。同一年龄阶段的幼儿发展水平存在差异,教师在投放材料时未考虑到幼儿的差异性,为幼儿提供单一的、难易程度相同的活动材料供幼儿操作,不能满足不同层次幼儿的发展需要。

七、 幼儿园班级物质环境创设策

良好的育人环境对培养幼儿各方面能力具有非常重要的意义。陈鹤琴在"生活教育"理论中提出,为幼儿创设适宜的环境并引导幼儿注意周围环境,可以发展幼儿求知欲,培养幼儿的观察能力。幼儿园班级应通过班级管理为幼儿提供一个正面的、积极的育人环境,让幼儿在与良好的环境互动中得到发展。

(一) 转变理念,尊重幼儿主体地位

教师应开拓创新,破除旧思想、旧观念,转变教育理念,把幼儿当作真正的主体。在班级环境创设中充分尊重幼儿的主体地位。例如,在班级环境创设前,教师应与幼儿共同商讨主题内容,鼓励幼儿积极思考、大胆说出自己的喜好和看法,讨论版块内容和表现形式等。在班级环境创设过程中,鼓励幼儿收集各种材料,并提供适宜的工具,让幼儿以主人翁的身份真正参与到班级环境创设中去。最后,教师与幼儿积极讨论、及时评价、总结经验,让每位幼儿成为环境的主人。

(二) 合理规划,考虑环境创设的全面性、系统性

教师要将班级各种活动空间规划得清晰而有序,并更好地将教育目标渗透在班级的各个环境中。幼儿园的班级活动空间包括生活空间,如寝室、餐厅等游戏空间如结构游戏区、角色游戏区等;学习空间,如集体教学场地、区域活动场地等。

在进行班级空间规划时,教师要考虑幼儿的年龄。不同年龄的幼儿,在活动内容活动能力上都会有不同的需求。因此,按照不同年龄幼儿的实际水平和需要进行班级活动空间规划非常重要。班级环境创设时,应充分考虑环境的全面性和系统性。

(三)尊重个体差异,创设适宜的环境

环境创设应考虑幼儿的年龄特点、知识经验、认知水平等,适宜的环境能发挥教育的功效。同一年龄段的幼儿发展水平也不尽相同,教师还应考虑幼儿的个体差异,在小班的美工区,给幼儿提供不同类型的纸:画画,可以提供有水果轮廓边的和没有水果轮廓边的纸;撕纸,纸条可以有宽有窄、有短有长、有随意撕和沿痕迹撕、有单一撕和粘贴组合撕。幼儿根据自身能力自由选择,这样既满足了幼儿的一般发展需要,又满足了个别幼儿的特殊发展需要,充分体现环境创设的适宜性。

(四)巧妙设置班级区域活动

角色游戏:
花语心愿

区域活动源于开放教育理念,是以幼儿自由选择、自主学习为前提的一种个别化学习活动。教师根据幼儿发展需求、学习特点、兴趣爱好和教育目标,充分利用各类资源,将班级活动空间进行合理划分,为幼儿提供适宜的场地、材料玩具和学具等,让幼儿在自主的前提下,在操作摆弄、探索发现、交流讨论中获取经验、发展能力。这种形式满足《指南》提出的"最大限度地支持和满足幼儿,通过直接感知、实际操作和亲身体验获取经验的需要"这一要求,是幼儿园班级切实践行这一要求的重要途径之一。区域活动环境本身就是一种立体化的育人环境。这种立体化主要是通过活动材料来体现的,区域内的活动材料是幼儿主动建构知识经验的支持物。区域活动的材料就像是纵横交错的经纬线一样,在幼儿的操作过程中,为幼儿提供各种各样获取经验的途径。区域材料不应漫无目的地投放,应是与阶段教育目标相一致,与其他类型活动相融合,让幼儿在不知不觉的操作中获取经验。

第二节 幼儿园班级精神环境的创设

《纲要》中指出:"幼儿园应为幼儿提供健康、丰富的生活和活动环境,满足他们多方面发展的需要,使他们在快乐的童年生活中获得有益于身心发展的经验。"为幼儿营造良好的精神环境氛围,有利于帮助幼儿建立安全感和信任感,发展自信和自尊。精神环境是生活环境的重要组成部分,物质环境是一种可见的有形的环境,而精神环境则是一种无声的无形的环境,然而精神环境对幼儿却有着不可忽视的作用和影响,幼儿年龄小、自主性差,加之幼儿善于模仿、辨别能力不强,容易受周围环境的影响和感染,所以幼儿园应根据幼儿身心发展的特殊需要,为幼儿创设良好的精神环境。

一、幼儿园班级精神环境创设的概述

幼儿园班级精神环境是指对幼儿构成影响的,以幼儿与同伴、教师、家长及其他相关

者为主的,由人际关系和文化观念等无形因素交织而形成的班级精神氛围。它虽然是无形的,但却直接影响着幼儿的情感、交往行为和个性的发展。创设班级精神环境主要包括创设良好的人际关系,建立融洽、和谐、健康的交往氛围,以及形成良好的一般行为规则与标准。幼儿园班级精神环境对幼儿具有广泛性、潜移默化性、持久性、深刻性的特点,特别是对正处于身心发展中的幼儿来说,精神环境的影响更是潜在而深刻的。

二、 幼儿园班级精神环境构成要素

(一)幼儿园文化

幼儿园文化是在园内形成的特定的艺术、思想、习惯等的体系,幼儿园的展览、标语雕塑、建筑装饰、园刊园报等往往就是幼儿园秉承的管理方式、教育理念的表征,可视为该园特定文化的一部分,对班级文化有着直接影响,丰富多彩的幼儿园班级文化活动,更是一个班级良好精神面貌的体现,物化于班级的物质环境中。

(二)幼儿园人际关系

人际关系是幼儿园精神环境的一个十分重要的内容,它包括干群关系、同事关系、师幼关系和幼儿间的伙伴关系。

1. 干群关系

园长与教职工的关系是幼儿园精神环境的重中之重,因为园长的管理方式影响着全园的心理气氛,所以科学的管理是营造良好的精神环境的前提。行为科学认为,一个人的工作成绩不仅与其能力成正比,而且与其动机的激发程度成正比,工作成绩=能力×动机激发程度,即工作业绩取决于他受到的激励和尊重程度的高低。因此,园长在管理过程中多给教师一些积极的暗示,实行民主管理,知人善任,在幼儿园创设尊重、理解、和谐、宽松的气氛,培养教职工的主人翁责任感,激发每个人的主动性、积极性和创造性,并努力创造条件帮每个人都实现自我价值。

2. 同事关系

同事关系也是精神环境的一个重要方面,幼儿园的工作繁杂琐碎、责任大,需要全体教职工的通力合作、协同完成。彼此之间也应互相尊重,多沟通、勤合作,才能把工作做好,成人之间的友好气氛也能影响到幼儿的心境,因此,教师之间应建立和谐、愉快的人际关系。

3. 幼儿间的伙伴关系

随着年龄的增长,幼儿的社会性要求开始增强,他们渴望有要好的朋友,被小伙伴尊重和接纳,人际关系好的幼儿是快乐和满足的。教师应注意培养幼儿的交往技能,懂得尊重与关爱,创设有利于幼儿交往的情境,营造一个团结友好的班集体,指导幼儿间建立良好的人际关系。

幼儿园精神环境的各构成要素是相辅相成的,它们互相影响、互相作用,其中,人际关系是决定性要素。如果一个幼儿园的人际关系是友好、和谐的,那么每个人都会心情舒畅,就会形成一个有凝聚力、战斗力的集体,整个园的风气都是积极向上的。就整个幼儿园的精神环境来说,在所有的人际关系中,干群关系是关键,俗话说,一个园长的水平决定着一所幼儿园的质量,园长的管理方式、领导作风决定着幼儿园的整个气氛;就精神环境与幼儿心理发展来说,最重要的精神环境要素是师幼关系,因为教师的教育态度和行为直接影响幼儿的心理发展。

三、 幼儿园班级精神环境创设的价值

相对于有形可见的物质环境来说,精神环境虽然是无形的,但它也是可以被感知体验的,对幼儿身心发展有特殊的作用,直接影响着幼儿的自我意识、人格、情绪情感以及社会性的发展。

(一) 精神环境影响幼儿自我意识的形成

自我意识是对自己的认识和评价,4～6岁是幼儿自我意识发展的关键期,但自我意识的形成主要依赖成人的评价和反馈。幼儿园是幼儿离开家庭、接触社会的第一个环境,这个环境对幼儿的评价和反馈,对幼儿自我意识形成和发展有着非常大的影响。作为幼儿园老师,应该积极为幼儿营造宽松、和谐的精神环境,给幼儿积极、正向的评价和反馈,帮助幼儿形成良好的自我意识。

(二) 精神环境影响幼儿人格的形成

幼儿对心理环境特别敏感,不同的心理环境塑造着幼儿的不同人格。幼儿园是幼儿感受到的第一个社会心理环境,这一环境的品质和特点决定了幼儿对社会及他人的看法,也塑造了幼儿的人格。这个环境是接纳的还是排斥的,是快乐的还是压抑的,是欣赏的还是厌恶的,都会影响幼儿的认知和判断。如果幼儿园的心理环境是鼓励的、接纳的和欣赏的,幼儿就容易形成积极、乐观、开朗、热情主动等个性品质,否则就容易出现个性缺陷。

(三) 精神环境影响幼儿情绪情感的发展

良好的精神环境有助于幼儿获得良好的情绪体验。幼儿在安全、可信的精神环境中,会感觉比较轻松,愿意交往合作、探索尝试,更容易形成积极、快乐、热情、友好等情绪情感。相反,一个缺乏安全感的心理环境则会给幼儿带来悲伤、消极的情绪体验。

(四) 精神环境影响幼儿社会性的发展

宽松、民主、相互激励的精神环境是幼儿良好的社会性发展的基础与前提,有助于幼儿在良好的幼儿园文化和班级氛围中丰富社会生活经验,学习交往与合作的技能,并习得社会行为规范,逐步提高社会性发展水平,享受幼儿园集体生活的乐趣。和谐的师幼关系、同伴关系及良好的班级氛围,能够让幼儿获得稳定的、积极的情感体验,增强幼儿的交往意愿。

四、 幼儿园班级精神环境创设内容与要求

精神环境是由人和人的交往关系以及各种信息的传递构成的。由于交往的关系和信息传递的内容不同,就构成了不同的精神环境。良好的精神环境应是文明的、和谐的、积极向上的。影响幼儿园良好的精神环境的因素很多,归纳起来主要有以下几个方面:班级保教人员的素质、班级活动的组织和安排、对幼儿的态度和采取的教育方法以及班级的风气和习惯。

小班精神环境创设

(一)保教人员的思想素质

幼儿园班级的保教人员,不仅是教育者,还是班级精神环境的主要构成因素,保教人员的一举一动,对幼儿的身心产生极大的影响作用。因此,班级的每一位保教人员,都应从创设良好精神环境的角度,加强自身的修养,提高自身的素质,尤其是自身的道德、情操、情绪这些精神层面的素质和修养。

有关保教人员的素质要求,需要强调以下几点。

1. 热爱幼教事业

幼儿教师是人生的第一位老师,是孩子的启蒙者。每一位幼教工作者都应提高自身素质,认识到所从事工作的重要性,应有强烈的事业心和责任感,用饱满的情绪、真诚的爱心、亲近的态度去面对每一个孩子,做好每一项工作。

2. 关心爱护幼儿

爱孩子是对幼教工作者最起码也是最重要的要求。在爱的氛围里成长起来的孩子,才会懂得关爱他人,产生积极的情绪、愉快的感情。保教人员对孩子的关爱可以通过多种表现形式,包括对幼儿的尊重、对幼儿自尊心的保护、对幼儿的严格要求等,渗透在班级工作的各方面。

3. 为人师表、以身作则

幼儿教师的一言一行、一举一动都处在孩子们的关注之下,因此幼儿教师的表率作用是非常重要的。在孩子心目中,教师是知识丰富、品德高尚的人,是他们行动的榜样。这就要求幼儿教师不仅是传播知识的严师,更应该成为开拓孩子心灵智慧的"人师"。因此幼儿教师必须做到心灵美、行为美、语言美,时时处处为幼儿做表率。

(二)班级活动的组织和安排

幼儿园的生活要丰富有趣、和谐有序。教师应科学合理组织安排幼儿的一日生活,使幼儿对每天的生活都充满新鲜感和期待感。这就需要教师不断创新活动的内容和形式,吸引幼儿积极愉快地参与每一项活动和游戏。这样既能充分调动幼儿的主动性、积极性和创造性,又能促使他们在活动中身心得到全面发展。

(三)保教人员的教学态度和方法

幼儿时期是形成良好品德和行为习惯的重要时期,但其道德认识尚处于"他律"阶段。

根据这一特点,对幼儿的教育必须是正面的、具体形象的。教师在对幼儿进行教育的过程中,应多采用鼓励性、肯定性等积极的词语。当幼儿受到肯定或鼓励后,会产生自信心和进取心,从而呈现良好的精神状态。要保证幼儿身心健康,就必须为他们创设良好的精神环境,采用正面教育的方法,并通过教师的循循善诱和榜样示范,营造和谐有序、积极进取的班级精神环境。

(四)良好的班级风气和习惯的形成

班级是幼儿在园最基本的学习、生活的场所。良好的班风,需要教师发挥主导作用。教师自身应有高尚的师德,对孩子有真诚的爱心,坚持以鼓励为主的正面教育,运用正确评价的激励机制,完善班级各项管理,各项规则的制定和实施,都应充分听取和尊重幼儿的意愿和要求,充分发挥集体的教育作用,让每一位幼儿感受到集体的温暖,从而形成良好的班风和习惯。

五、 幼儿园班级精神环境创设策略

(一)树立科学的环境观,重视精神环境的创设

传统的环境创设往往更侧重于物质环境,忽视了心理环境的创设,影响了环境教育功能的发挥。现代的幼儿园教师应该充分认识精神环境对幼儿身心发展的价值,营造积极向上、宽松自由的精神环境,使幼儿能积极愉快地参与每一项活动和游戏,支持、鼓励他们大胆提出问题,尝试发表不同的意见,并学会尊重别人的观点和经验,充分发挥幼儿的主动性、创造性,使幼儿身心得到全面发展。

(二)树立正确的儿童观和教育观

教师热爱幼儿是幼儿教师热爱教育事业的直接表现,是教育的灵魂,是教师对幼儿进行教育的基础。这种爱是有原则的、公正的、有理智的和有分寸的。它应以幼教法规为指导,不掺杂个人好恶 ,不对幼儿姑息迁就 ,不厚此薄彼。科学的儿童观和教育观,有助于幼儿园教师更好地创设心理环境,促进幼儿的身心健康成长。幼儿园教师应该热爱每一个幼儿,以民主的态度来对待幼儿,以平等的心态与幼儿沟通交流,允许幼儿自由地表达个人的观点和想法,允许幼儿犯错误。教师要善于设身处地地体验孩子们的所作所为 ,耐心细致地观察、了解孩子的内心世界,以真诚、热爱和关怀的态度去对待每一个幼儿 ,做到一视同仁。创设民主、包容的心理环境,能使幼儿感受到安全、温暖、宽松,这不仅有利于幼儿的生活与学习,还有利于教育发挥最大的效益与功能,促进幼儿全面发展。

(三)注重提高教师的心理健康水平

在幼儿成长的过程中,幼儿园教师的心理健康水平对幼儿身心发展的影响是潜移默化的、持久深远的,是幼儿园精神环境的重要组成部分。然而,繁重的工作任务以及来自社会各方面的压力,有些幼儿园教师会产生矛盾压抑感,这种不良情绪在无形中影响到幼儿的身心健康。针对这种情况,幼儿教师应该经常反省自己的教育行为,对自身不良情绪

给幼儿带来的伤害有深刻认识,从而自觉调整心态,加强心理修养,提高控制不良情绪的能力,努力提升自身心理健康水平,给幼儿创造一种安全的心理环境。

(四) 积极营造和谐的人际关系

幼儿园的人际关系主要包括师幼关系、同伴关系和家园关系等。

1. 营造平等的师幼关系

在幼儿园各种人际关系中,师幼关系是最重要的。正如著名教育家赞可夫所说,"就教育效果而言,很重要的一点是看师生关系如何"。平等的师幼关系是创设良好心理环境的基础。在师幼平等的环境氛围中,幼儿才会无拘无束、大胆自主地活动,获得自然的发展。

(1) 尊重幼儿的主体地位

传统的教育观念中,教师是教育过程的主导者,幼儿只是被动地接受教育和管理,但幼儿有自己独特的发展规律和认知特点,对周围的环境非常敏感,随时随地接受来自周围环境的各种刺激。幼儿园教师应该尊重幼儿的主体地位,把幼儿作为其自身发展的主体来看待,承认幼儿是一个身心逐渐发展的、完整的人,有自己独特的发展规律和独特的学习方式,有按自己的兴趣爱好做出选择的能力和权利。幼儿园教师应该把自己的角色定位为幼儿学习活动的支持者、合作者和引导者,努力为幼儿创造一种宽松、和谐的心理环境,促进幼儿积极主动发展。

(2) 重视幼儿情绪情感发展的需要

愉快的情绪体验能够促使幼儿更加主动地观察、探索与创造,不愉快的情绪体验则容易导致消极行为的出现。因此,幼儿园教师要特别关注幼儿情绪情感的需要,幼儿心中的安全更多的是被人关爱,可以自由地表达自己的想法,自主地选择活动材料。教师亲切和蔼的态度、宽松民主的管理氛围能够给幼儿带来安全感,培养幼儿积极稳定的情绪情感。教师还要尽量地采用正面的评价,肯定幼儿取得的成绩,鼓励幼儿改进不足,向更好的方向发展。正面评价能够给幼儿带来积极的心理暗示,促使幼儿行为向好的方向转化,同时还能使幼儿产生良好的情绪体验。

2. 构建自由愉悦的同伴关系

自由愉悦的同伴关系是幼儿健康发展的重要心理环境,有利于幼儿形成自尊、自信、活泼开朗的性格,有利于促进其社会化及心智的发展。而同伴交往困难将影响幼儿以后的社会适应,使幼儿出现退缩、孤僻、压抑等心理障碍,甚至逃学、退学、犯罪等行为问题。幼儿园同伴关系主要是通过游戏以及日常交往活动形成的。因此,幼儿园教师要为幼儿创造良好的交往机会,帮助幼儿学习恰当的交往方式,形成自由愉悦的同伴关系。

3. 构建和谐的家园关系

家长是幼儿园教师的重要合作伙伴,应本着尊重、平等的原则,引导家长主动参与幼儿的教育工作。向家长介绍幼儿园的保育教育开展情况,争取家长的理解、支持和参与。幼儿园心理环境的创设离不开家庭环境的大力支持,构建和谐的家园关系,调动家长参与幼儿园环境创设的积极性,加强教师与家长的双向沟通交流,形成家园教育合力,对于幼儿良好心理环境的形成具有积极的意义。

✦ 本章小结

　　幼儿园环境是指在幼儿园中影响幼儿身心发展的所有物质因素和精神因素的总和。环境对幼儿身心发展的影响是全方位的、极其深远的,人类发展生态学、行为主义心理学、建构主义心理学等,都强调幼儿园环境创设的作用,其内含的环境观也给幼儿园环境创设很多有益的启发。本章的学习重点是幼儿园环境创设的相关理论以及幼儿园环境创设应该遵循的原则。通过本章的学习,学生能够运用幼儿园环境创设的理论知识分析环境创设中存在的问题,并按照幼儿园环境创设的原则科学地设计幼儿园环境,以充分发挥环境育人的功能。

实训内容

　　(1) 了解和掌握班级环境对幼儿身心发展的价值以及构建良好班级环境的策略。

　　(2) 学生 4~5 人为一组,尝试调查和了解教师的教育理念和行为,分析幼儿园班级环境创设中存在的问题,以提升自己理论联系实践的能力。

　　(3) 参观一所幼儿园,学生能够运用幼儿园环境创设的相关理论评析该园的环境创设状况,按照幼儿园环境创设的原则科学地设计幼儿园环境。

同步练习

　　(1) 幼儿园精神环境对幼儿身心发展的价值有哪些?

　　(2) 什么是幼儿园环境?为什么幼儿园教育中要强调创设良好的幼儿园环境?请联系实际说明。

　　(3) 简述幼儿园物质环境创设的原则。

第八章
幼儿园家长工作管理

✐ 学习目标

- 知道幼儿园家长工作的意义和主要内容,掌握幼儿园班级工作计划制订的要求及注意事项。
- 了解幼儿园教师与家长沟通交流的不同方法。
- 明确幼儿园班级家长工作中管理与指导的具体工作。

◎ 任务导入

- 为什么说"家庭是幼儿园最重要的合作伙伴"?
- 结合见习谈一谈,为什么要逐层制订家长工作的计划?
- 能够结合所学理论和实际情况分析幼儿园家长工作所存在的普遍问题。

《纲要》中明确指出:"家庭是幼儿园重要的合作伙伴。应本着尊重、平等、合作的原则,争取家长的理解、支持和主动参与,并积极支持、帮助家长提高教育能力"。① 《规程》中要求:"幼儿园应当主动与幼儿家庭沟通合作,为家长提供科学育儿宣传指导,帮助家长创设良好的家庭教育环境,共同担负教育幼儿的任务。"② 从这些教育政策法规的理论支点上意识到对孩子的教育并不是幼儿园或家庭单方面的责任,家庭和幼儿园双方都应把自身作为幼儿教育的施教者,并且双方间要做到相互理解、相互支持、相互配合,共同完成幼儿全面发展的目标。

第一节　幼儿园家长工作

幼儿园家长工作主要是指幼儿园主动地以多种形式与幼儿家长保持经常性的联系,向家长宣传、介绍科学育儿的知识和方法,并在家长的支持和配合下,幼儿园有目的、有计划地和家长共同实施保教活动的过程。同时,也可以指导和帮助家长创设良好的家庭教

---

① 中华人民共和国教育部. 幼儿园教育指导纲要(试行)[M]. 北京:北京师范大学出版社,2001.

② 中华人民共和国教育部. 2016版《幼儿园工作规程》:附《幼儿园工作规程》新旧对照[M]. 北京:首都师范大学出版社,2016.

育环境,进行科学的家庭教育,促进幼儿健康、全面的成长。因此,幼儿园需做好家长工作,重视对家长工作进行科学、有效的管理。

一、 幼儿园家长工作的意义

教师和家长都有教育孩子的责任,促进幼儿发展是幼儿园与家长的共同愿望,两者的目标是一致的。在教育孩子的过程中教师和家长要相互沟通、相互合作,双方共同承担这个责任。幼儿园谋求家长对幼儿园教育的理解、支持与参与,做好家长工作,已经成为幼儿教育系统工程中的重要子工程。具体地说,幼儿园家长工作的意义主要表现在以下几个方面。

1. 促进家长提升科学育儿的能力

家庭是幼儿成长的第一环境,父母是幼儿的第一任老师,家庭对幼儿的影响最直接、家长与幼儿的关系最密切,家庭教育对幼儿的身心健康、和谐发展起着十分重要而特殊的作用,同时对幼教机构教育质量也是一个不容忽视的影响因素。现代社会,由于社会变化速度快,生活节奏快,年轻的父母一般会面临工作繁忙和与子女的相处时间越来越少的现实矛盾,甚至为数不少的家庭,出于现实的需要,把幼儿交由爷爷奶奶或亲戚教养。许多家长或监护人自身工作和生活压力较大,同时在儿童观、教育观等方面也存在一些问题,难免在教育儿童方面效果不佳。幼儿园是对 3～6 岁幼儿实施保育和教育的专门机构,应该通过家长工作传授给家长正确的育儿知识、树立科学的育儿观念,指导帮助家长改进家庭教育、提高育儿水平,只有家园合作、协调一致,才能使幼儿在德、智、体、美、劳等各方面得到健康和谐的发展。幼儿教师工作的专业性决定了其在幼儿教育策略与方法上相对于家长具有更高的权威性。通过必要的家长工作,班级教师可以对幼儿家长的教养方式和教育观念有所了解,并有针对性地对家长家庭教育中存在的问题给予科学性建议,尤其对少数表现特殊的幼儿,教师可以与家长协作,从而提升家长科学育儿的能力。

2. 有利于促进幼儿身心健康发展

一方面,家庭和幼儿园是 3～6 岁幼儿最主要的生活和学习环境,家长与教师结成教育同盟军,有利于保持对孩子教育的一致性。班级教师通常接受过较长期的专业训练,他们是家长之外,每天与幼儿相处时间最长的成人。她们对于班级内幼儿应有的发展状况十分清楚,较容易发现幼儿在身心方面的发展是否存在滞后现象,当发现有不良苗头时,可及时与幼儿家长沟通,共同商议解决策略,从而保证幼儿的身心健康发展。

另一方面,幼儿园师资方面一直存在男女比例失调的问题。虽然现在有些高校学前教育专业采取各种措施吸引男性学生报考,一些幼儿园在待遇和实际晋升机制上对男性幼儿园教师有所倾斜,但由于种种原因,幼儿园男教师数量仍严重不足。然而儿童心理的研究表明,儿童人格的健全发展既需要来自女性教师的影响,男性的作用也同样不可或缺。幼教行业女性一统天下的现状容易导致儿童人格的片面发展,如男孩易出现女性化倾向,阳刚之气不足等。而如果男性家长能够积极参与到幼儿园班级教育活动中来,将很大程度上减轻女性师资过剩所造成的不利影响。

3. 有利于整合家长的专业优势，提高班级教育活动质量

每个班的幼儿家长都有着各自不同的经历，从事着不同职业，知识结构也差异，调动家长参与班级活动的积极性，利用家长多元的专业优势，就能够较好地填补幼儿教师在各领域的育区，帮助班级完成教学活动。孩子们在部分爸爸妈妈的教导下，开展领域学习活动，能很好地调动幼儿的学习兴趣，从而提高班级教育活动的质量。当前，我国各地的幼儿园已形成了家长义工进班级课堂的趋势，常能在各地的幼儿园看到医生、消防员、警察、运动员等职业的家长进班带孩子开展一些教育活动，特别受幼儿和教师们欢迎。

在这方面，瑞吉欧教育一直走在前列。家长作为志愿者在不同方面协助幼儿园班级对幼儿实施教育，比如当医生的家长来班级向幼儿讲述保持良好卫生习惯的重要性；从事科学实验工作的家长来指导幼儿的科学实践活动，向他们普及简单而有趣的科学知识。华德福幼儿园课程中，家长参与度也很高。在重视传统文化传承的教育理念下，每当遇到例如冬至这样的节日，幼儿家长就会来园协助班级老师共同完成包饺子这样的亲子互动教育活动。

我来当老师——
家长进课堂

通过家园合作，家长参与到幼儿园班级的日常教学中来，不仅能为幼儿教师提供很好地与家长沟通的机会，而且能增进教师与家长、孩子之间的感情。

4. 有利于教育一致性原则的实现

苏霍姆林斯基曾说："儿童只有在这样的条件下才能实现和谐、全面的发展：两个教育者——学校和家庭，不仅要一致行动，向儿童提出同样的要求，而且要志同道合，抱着一致的信念，始终从同样的原则出发，无论在教育的目的、过程上，还是手段上，都不要发生分歧"。《幼儿园教师专业标准（试行）》在专业维度上对幼儿园教师提出了"与家长有效沟通合作，共同促进幼儿发展"的要求。《纲要》指导要点中则明确指出："社会学习是一个漫长的积累过程，需要幼儿园、家庭和社会密切合作、协调一致，共同促进幼儿良好社会性品质的形成"。我国著名幼儿教育家陈鹤琴先生也曾说过："幼儿教育是一种很复杂的事情，不是家庭一方面可以单独胜任的，也不是幼儿园一方面能单独胜任的，它必定要两方面共同合作方能得到充分的功效。它的成功注定这个孩子的未来"。无论是教育家所强调的，还是幼儿教育政策规定的，都显示出保持家园教育的一致性的重要。

然而，现在的很多家长将希望单方面寄托于幼儿园，认为孩子的教育只在幼儿园里进行，离园之后，家庭对孩子产生影响就不属于教育了，只是自然的生活了，认为"树大自然直"。这些想法有一定的偏颇，幼儿园的教育与家庭教育都十分重要，不可割裂，两者应该保持一致，以便于幼儿养成良好的人格和行为习惯。

一般地，幼儿园班级教师会倾注大量心血去培养幼儿的生活习惯，一日常规中各个环节规范都对幼儿良好习惯的形成有着潜移默化的影响。例如，在区域活动中，幼儿将学会与他人合作和分享。而在家中，一些家长过于溺爱自己的孩子，好吃好玩的东西都只给他一个人，遇到自己家孩子和别家孩子发生矛盾就不分缘由地站在自己家孩子这一边，使幼儿园社会性培养的作用大打折扣。又比如中餐环节，幼儿园教师会指导孩子有序排队取餐，尽量不挑食、不剩饭，吃完后餐具要自己摆放到指定区域，养成良好就餐习惯。而幼儿在家时，许多家长只要有菜上桌就给予孩子先吃的特权；只要是孩子爱吃的菜就拼命往孩子碗里夹而不注意膳食的营养搭配；孩子吃饭时注意力不集中，导致饭还没吃完就凉掉；孩子不愿意再吃，家长便将剩饭倒掉；等等。这些行为都很不利于幼儿良好习惯的养成，使孩子在学校一套，在家里又是另外一套，有时还会对教师产生不满情绪。

通过家园合作，家长会对幼儿园的教学工作及教育目标有更深了解，能够更积极地配合教师的工作，以保证教育一致性的实现，最终有利于幼儿的全面发展。[①]

二、 幼儿园家长工作的内容

（一）向家长宣传幼儿园的发展规划和教育目标

发展规划和教育目标具有教育的导向作用，也具有一定的激励作用。幼儿园不仅要向教职工宣传本园的规划与目标，还应让家长了解这些内容。让家长了解幼儿园的发展规划和教育目标，有利于家长对幼儿园整体发展的全面了解，理解幼儿园工作的具体做法，赢得他们的协助和合作。教师也应该向家长介绍幼儿园教育的原则、方法、形式，向家长介绍幼儿学习、成长的身心发展特点，争取家长的支持和配合，共同促进幼儿健康快乐发展。

幼儿园可以召开家长会，向家长介绍幼儿园的基本情况、发展思路、规划与目标，让家长充分认识到幼儿园规划与幼儿发展的关系，以及家长对幼儿发展的作用。为了让家长留下更深的印象，还可以引发一些资料，或在宣传栏中重点宣传。向家长做宣传，目的是让家长对幼儿园有更多的了解，缩小家长与幼儿园之间的距离。

（二）主动了解幼儿家庭教育情况，间接指导家庭育儿观念

幼儿园应主动了解幼儿家长对子女的教育态度、内容和方法以及家长的文化水平，了解幼儿的健康状况，心理发展 水平、生活习惯、兴趣爱好及在家的表现等幼儿家庭教育情况。有针对性地宣传科学育儿知识，引导家长树立正确的儿童观、教育观，向他们提出具体的教育建议，使家长教育与幼儿园教育趋于一致，实现同步教育。

（三）发挥幼儿园的社会功能，为家长服务

幼儿园具有教育性和福利性的双重特点，为家长服务是幼儿园的任务之一，特别是私立幼儿园，这一点体现得尤为明显，所以幼儿园要通过增强服务意识来提高生存与发展的质量。在以幼儿健康全面发展的大前提下，尽可能方便家长，了解家长的需要和困难，采取相应的措施帮助解决。这样既能为家长服务，也有利于幼儿园自身形象的塑造。

幼儿园家长工作
的内容有哪些

（四）争取家长的支持，积极参与幼儿园工作

幼儿园要争取家长的支持与参与，协助园内的教育和管理，要注意征求家长的意见和建议，努力改进工作，提高保教质量，实现教育目标。家长既是幼儿

---

① 王雯. 幼儿园班级管理[M]. 武汉：武汉大学出版社，2017.

园的内部公众，又是幼儿园的外部公众。因此，幼儿园一定要通过家长工作，有效地调动这股庞大的社会力量，并通过他们影响其他公众，争取获得全社会的关注与支持。帮助幼儿园解决面临的困难与问题，改善办园条件，使幼儿园在社会各界的支持下，得到健康发展。

第二节　幼儿园班级家长工作计划的制订

幼儿园班级家长工作计划是依据幼儿园家长工作的要求展开的。通过对班级家长工作目标、任务、步骤、期限与要求的制订，从而保证家园合作各项工作的顺利进展及任务的落实。

一、制订阶段性家长工作计划

班级家长工作计划的制订，按照时间顺序的划分包括学期计划、月计划、周计划及每日计划，并逐层加以落实。

1. 学期班级家长工作计划

制订班级家长工作的学期计划，要领会学前教育政策法规中《纲要》《指南》《规程》等中有关家长工作的指导精神及幼儿园园务计划中的家长工作的目标任务，分析总结上一阶段班级家长工作中存在的问题，根据幼儿园和本班的实际情况并结合不同幼儿家庭的特点，提出本学期总的班级家长工作计划，并从各个层面提出具体要求和措施，争取得到家庭的配合与支持，家园共育，共同为幼儿身心全面发展创造条件。

学期班级家长工作计划的制订大致可以分为这样几部分：第一，情况分析。主要对幼儿园、班级、家长这三方面进行分析。应当在总结学期班级家长工作的基础上，分析已经取得的成效和存在的问题。第二，结合现状确定班级家长工作的具体目标。第三，明确学期家长工作的任务。在与全园的安排不冲突的前提下，制订各个班级的家长工作计划，并按照计划有条不紊地逐一落实。

资料链接

某幼儿园中班下学期家长工作计划

一、情况分析

本班经过一年半时间家长工作的积累，取得了一定的成绩，家长们的育儿观念和行为发生了明显的改变。部分原先对幼儿在园表现无所谓的家长，变得积极向老师询问孩子在园的生活和学习情况；家长们对我们班已开展的主题活动、活动区活动和我班的早期阅读特色活动都有了一定的了解，也给予了老师许多配合。家长们对于一些不太明白的事能主动电话联系教师，请假制度也执行良好。另外，本班仍然有很大一部分幼儿家长因工作繁忙，以祖父母带孩子居多，导致许多幼儿存在依赖性强、自理能力较差、在家不午睡等一系列不良习惯,影响到幼儿在班集体中活动的开展质量。针对上述情况,加强家园合作显得非常重要。

二、目标

1. 对不同层次的家长有针对性,力争让每位家长都能关心孩子在园的情况,让家长满意放心。

2. 根据教学活动的需要,请家长务必关心家园栏,关心孩子每天的学习内容,并给予必要的配合,促进班级教育活动顺利开展。

3. 请家长献计献策,共同商讨教育良方。

4. 根据家长的需要,提供便利服务。

三、措施和要求

1. 开学前电话联系每位幼儿家长,了解幼儿假期生活情况和健康状况。

2. 做好新生家访工作,了解孩子的生活习惯和兴趣爱好。

3. 利用接送时间,与家长简单了解幼儿在家情况,反映幼儿在园表现,与有需要的家长商讨可行的教育方法。

4. 四月份开展家长座谈会,向家长们汇报本班的教育工作和幼儿的发展情况。

5. 五月份随全幼儿园安排家长开放日。请家长们来班里实地看孩子真实的日常集体生活活动,并听取家长的建议。

6. 随幼儿园整体,安排六一儿童节家园同乐会。

7. 做好学期末的各项工作。

2. 月班级家长工作计划

学期计划要通过月计划落实完成。每月计划的制订要注意在总结上月计划执行情况的基础上,提出下月工作重点及具体要求和措施。

资料链接

某幼儿园中班下学期家长月工作计划的具体安排

三月

1. 请家长做好报名交费工作。

2. 请家长开学送幼儿时带好幼儿的被褥等生活用品。

3. 周末请家长带幼儿去户外游玩,感受春天的气息。

四月

1. 请家长和幼儿共同利用废旧物品制作游戏和锻炼器械。

2. 召集班级家长开一次座谈会。

3. 安排一次小组家长活动,特别提醒部分家长注意孩子的个人卫生。

五月

1. 第二周举行一次家长开放日。

2. 提前告知家长六一儿童节需要家长来园及准备事项。

六月

1. 庆祝"六一儿童节",家园同乐会。

2. 做好期末的家访工作。

3. 学期结束时,写好每个幼儿在园情况汇报表。

3. 周及每日班级家长工作计划

月计划要通过每周家长工作计划得到落实。教师应制订出每周具体计划,进一步明确家长工作目标、任务和措施。在制订周计划时,应根据工作的轻重缓急和先后主次,提出本周内的一两项主要工作或教育重点,注意将一般常规性工作与重点工作结合起来。如本周举行家长半日活动,则要把这件事作为本周的工作重点,与家园联系册等常规性工作联系起来。

周计划还需具体到为每日家长工作安排,明确从周一到周五的家长工作具体内容,这些内容和方式都要体现在教师的当日活动计划中,如表 8-1 所示。

表 8-1　班级家长周工作计划表

年级	学期	月份	周计划	具体安排
小班	第一学期 (9—1 月)	9 月计划	第一周计划	……
			第二周计划	……
			第三周计划	……
			第四周计划	……
		10 月计划	……	……
		11 月计划	……	……
		12 月计划	……	……
		1 月计划	……	……
	第二学期 (2—7 月)	……	……	……

二、 制订和执行班级家长工作计划时应注意的问题

(一)做好家园联系工作,注重家长参与

建立家访制度,定期或遇到问题对幼儿进行家访,并做好记录。定期开展家长咨询活动,为家长解答有关幼儿教育问题,指导家长正确进行家庭教育。鼓励家长订阅育儿方面的杂志,了解更多科学的育儿知识。利用家长接送幼儿时间,向家长汇报幼儿在园情况,随时做好家园联系工作。建立家园联系手册,尽量每周都向家长公布教育教学内容。设立家长信箱,及时了解家长对班级工作的要求和意见,随时改进班级工作。各班每学期进行一次家长开放日,请家长来园观摩活动及教育教学情况等。每学期至少召开一次班级家长会。利用班级网络平台,建立新型的家园互动方式,让更多的人了解幼儿园,同时家

长借助网络了解幼儿所在班级的最新信息或在网上与教师进行交流。

（二）做好家长委员会工作，发挥桥梁作用

成立家长委员会，定期组织全园各班级家长委员会成员进行交流，充分发挥家长委员在各班级家长中以点带面的作用。进一步加强与家长委员的联系，鼓励家长委员及时反馈家教信息，收集并反映家长对班级工作的建议和意见，如教师师德、保教水平、教育质量等问题。使家长协调并参与班级管理，进一步提高管理的实效。

（三）本着服务家长的观念，善于开展个别化家长工作

每个家长的情况是不同的，他们有着不同性格、生活背景、教育理念，因此在沟通时肯定会出现不同的看法。教师一定要充分注意到这种情况，区别对待，本着服务的观念，和家长共同解决问题。同时教师要具有敏锐的洞察力，能透过幼儿的情感、态度、言行觉察到家长在教育上的问题，有针对性地开展个别化家长工作，并做好记录。①

第三节　幼儿园班级家长工作的方法

幼儿园家长工作的根本出发点在于发挥家长的教育作用，调动影响幼儿成长的积极因素，促进幼儿的健康成长。幼儿园班级家长工作既同幼儿园的家长工作保持相对一致，又兼有班级的个性特点，组织的方式更加具有灵活性、多样性和创造性。我国幼儿园管理实践中，班级家长工作的组织方式主要分为个别方式和集体方式，这两种方式可根据班级工作的实际情况和具体要求，灵活调整、相互补充、交替使用，保证班级家长工作取得更好的成效。

一、 个别方式的家长工作方法

每个幼儿都有自己的个性特点，家庭情况、家长的教育观点与方式也各不相同。个别方式就是指幼儿园教师针对班级每个幼儿和家长的具体情况，有针对性地进行开展工作的方式。个别方式主要针对的是班级中的个别幼儿，工作对象相对单一、问题解决的针对性较强，便于深入细致地了解幼儿的各类情况，更容易与家长形成情感沟通。

（一）家访

家访是教师进入家庭了解幼儿成长背景和生活环境的主要方式，在教育观念、教育方法等方面可以给予家长具体建议或共商有针对性的个别教育对策，密切教师与家长之间的联系，共同教育好幼儿的重要手段。家访包括入园前家访和入园后家访。幼儿入园前

---

①　张莅颖.幼儿园班级管理[M].北京：高等教育出版社,2010:191.

进行家访,通过教师和小朋友交流、玩耍,能够使幼儿认识教师,有助于减轻幼儿入园后的焦虑感。教师还可以调查新入园的幼儿在家中的生活、卫生习惯,以便有计划、有步骤地引导幼儿适应幼儿园的集体生活规则。入园后的家访有定期家访和不定期家访两种。定期家访,是指教师在固定的时间如每学年或每学期,对本班幼儿家庭普遍进行的一次的家访。不定期家访主要是针对有特殊问题或遇到突发事件等而进行的家访,如当幼儿家庭发生重大变故,需要给予安慰和协助,或幼儿长期缺席,需要了解原因;当家长对子女教育方法不当或者教养态度有严重问题,需要给予帮助、促使其改进时;当幼儿偶发疾病或者意外事故或者当发现幼儿有严重的行为问题,或性格孤僻内向、攻击性强、体弱多病以及生活自理能力差的幼儿等。教师通过家访进一步了解幼儿、幼儿家庭情况等,与家长共同研究幼儿发展中的问题,共同商量教育对策。

资料链接

家访时需注意事项

① 访问前要与家长预约,选择家长方便的时间,过早、过晚、吃饭前后的时间都不宜访问;

② 访问前要预定目标,访问后要详细记录,但不要当着家长的面进行记录,以免影响家长如实反映情况;

③ 访问时态度要热情诚恳,语言要客观实在,要体现出对幼儿的关心和家长的尊重,也能够让家长感受到老师对孩子的关注和重视;

④ 建立恰当的教师与家长的关系、教师与幼儿的关系,对待孩子公正、公平,对待家长礼貌、谦虚、自信而不卑微;

⑤ 家访时要讲究交流的艺术和方式,对幼儿要多鼓励表扬、少指责批评,如果是向家长提出询问,要简单明了,便于家长答复;

⑥ 要认真倾听家长的想法与要求,尊重家长,认真聆听家长陈述,增强与家长的感情联系,不计较个别家长对老师的偏见,避免与家长争执,用专业的优势树立教师的威信,努力争取家长对班级工作的支持;

⑦ 访问时间不宜过长,注意在家长面前的仪容仪表和言行姿态,要大方得体,优雅文明,不要随意吃、拿家长礼让的食品和物品;

⑧ 家访后要注意对本次家访做好总结,并及时巩固家访成果,重视及正确对待家长的意见,好的意见或建议,及时反馈给领导,以便园领导及时获取教育反馈信息。[①]

(二)入园、离园时的交谈和约谈

入园、离园时的交谈时教师与家长交流信息最简便、最经常的与家长互动的方式。教师可以利用家长到园接送孩子的时间与家长交谈,沟通幼儿一天的生活、学习情况,家长也可以将幼儿在家的情况跟教师交流,交换教育看法和建议,共同商讨问题解决的方法,

---

① 侯娟珍.幼儿园班级管理[M].北京:北京师范大学出版社,2016:189.

也能够收到家园配合教育孩子的效果。

约谈是指教师有目的地预约个别家长进行的谈话。约谈的内容多为幼儿的个别情况，也可以针对个别家长方面的原因，如幼儿频繁地产生攻击性行为、心理健康问题；家长对教师有误会或不满等。这种有明确目的的事先约定的个别谈话，教师均应做好准备，包括汇集、分析孩子出现问题的资料，准备向家长询问的问题以及解决问题的初步设想。在交谈时，教师不仅态度要诚恳，还应设法营造宽松的氛围，减少家长在交谈时的拘束、紧张，使家长消除思想顾虑，轻松地参与交谈。

（三）家园联系手册

家园联系手册是实现家园经常联系的一种有效形式，是教师与家长围绕孩子的发展与教育进行书面联系与交流的形式，是家长和教师之间情感沟通的平台。家园联系手册灵活方便，传递信息及时，家长可以从联系手册中了解孩子取得的进步或存在的问题以及幼儿园对家庭在配合教育方面的具体要求等。教师可从联系手册中获得幼儿园教育效果的反馈信息，了解幼儿在家中的表现以及家长的意见和要求，从而实现教育的连续性与一致性。

在书写家园联系手册时应围绕幼儿园的教育目标和近期的教育任务，结合幼儿个体发展实际来写，内容应具体并有针对性，要侧重于反映幼儿的变化与出现的新情况。另外，针对不同类型家长的情况写一些具体的建议，如对推卸教育责任的家长及时给予告诫，对认真负责的家长给予赞扬与鼓励等。同时，教师要根据家长的意见和建议及时改正自己工作中的缺点，对家长教育孩子过程中遇到的问题给予具体指导和帮助。需注意的是，家园联系手册应随时写，真正发挥出家园联系手册起的联系功能，而不是只在学期初或学期末使用。

（四）网络平台

随着网络时代的到来，互联网不仅给人们的生活增添了知识和乐趣，还给人们的交流和联系带来了方便和便捷，教师可以将网络作为与家长进行有效沟通与交流的快捷通道，从而在育儿方面进行思想融合、达成共同的意见、形成观念认同。

利用网络平台进行家长工作的方式多种多样，比如建立幼儿园网站、班级网页、QQ群、微信群、留言板、博客、微博、钉钉等。教师应该充分利用网络平台，坚持定时更新班级网页内容，如公布教学活动计划，把每个幼儿的"作品、生活、学习"时的照片放在网上，让幼儿家长能够主动、直接、及时地了解幼儿园、班级、幼儿的情况。同时也要发布涉及幼儿园的管理、教学、卫生保健工作的调整通知。借助网络平台，教师和家长能够及时交流、沟通信息，教师能够时刻汇报幼儿的成长情况、集中处理家长留言信息，从而更科学合理地支配时间，提高工作效率；家长们还可以提出问题讨论，在交流中获得更多的教育经验。同时，也能使那些不在幼儿身边的家长仍能关注到幼儿的发展，起到配合教育的作用，使家园联系更加便捷、频繁。

（五）电话联系

现在大多年轻父母由于工作繁忙或长期在外出差等无法按时接送幼儿，则出现老人、保姆接送幼儿的情况越来越多,在无法面对面沟通的时候,教师可以用电话形式适时向家长汇报幼儿的情况。从某种程度上可以弥补无法沟通的不足,所以电话已经成为教师和家长重要的联系沟通工具。教师提前了解每位家长最佳的通话时间并适时与家长联系,进一步密切家园关系,同时也能督促工作繁忙的家长或在外地工作的家长,关注幼儿的发展并做好教育配合工作。

二、 集体方式的家长工作方法

（一）家长会

家长会是一种重要的家长工作形式。家长会的内容大多是向家长报告工作计划、教育目标、汇报教育成果及向家长提要求等。在规模上,家长会有全园性和分班召开的。一般来讲,除了全园性活动需要面向全体家长外,大多数情况下,以班级为单位召开的家长会为宜。因为它更具有针对性,便于听取家长的意见和要求,便于教师与家长共同探讨幼儿发展与教育中的问题,从而形成双向交流。在时间上,除了学期初和学期末定期召开家长会外,平时各班可根据情况和家长要求,举行不定期的家长会,或是依据需要和计划召开家长会,报告幼儿园或班级工作情况,提出一般性教育要求,回答家长普遍关心的问题。也可以通过家长会有针对性地征求家长意见,或使家长了解幼儿园、班级面临的实际问题与困难,取得家长的理解、协助和支持。

幼儿园家长会
组织小技巧

（二）家长开放日

家长开放日是指幼儿园定期或不定期地对幼儿家长开放,家长可以观摩或参与幼儿园的教育活动。幼儿园组织家长开放日活动,可以使家长通过观察孩子在各方面在园的表现,获悉孩子的发展水平及与同伴交往的状况,特别是可看到自己的孩子在与同龄幼儿相比较中显示出的优势与不足,从而有助于家长深入了解孩子、与教师合作有针对性地教育孩子。同时,家长在观察与参与活动的过程中,还可以观察到教师的教养态度、教养方法和技能,进而了解幼儿园的教育内容和方法,这对家长来说无疑是一种实地学习,既能增进与教师的相互配合,又能改善家长的教养行为,帮助家长掌握科学的育儿方法,提高家庭教育质量。需要注意的是,幼儿园举办家长开放日的重要目的是向家长征询办园的意见、建议,所以家长开放日的一切活动都应实事求是,不要搞形式主义,要将真实的工作情况展示给家长。

（三）家长委员会

家长委员会是幼儿园民主管理的基本形式,是在幼儿园指导下由家长代表组成的。《规程》中要求:"幼儿园应当成立家长委员会。家长委员会的主要任务是:对幼儿园重要决策和事关幼儿切身利益的事项提出意见和建议;发挥家长的专业和资源优势,支持幼儿园保育教育工作;帮助家长了解幼儿园工作计划和要求,协助幼儿园开展家庭教育指导和交流。"家长委员会作为幼儿园与家长联系的桥梁,一方面可以增进家庭和幼儿园间的信息传递,及时反映家长对幼儿园工作的意见和建议,以团体的影响力参与幼儿园的决策。另一方面,又可以协调家长之间、家长与幼儿园之间的关系,加强家长之间的联系,协助幼儿园做好家长工作。幼儿园应该注重建立家长委员会,要注意维护广大家长的权益,发挥家长作为重要教育力量和教育资源的作用,更好地调动广大家长的积极性,使他们参与到幼儿园的教育与管理工作中来,增进家园之间的交流互通,充分体现家长的参与权、知情权、发言权和评价权等,真正达到家园共育的目的。

(四) 活动展示与参与

幼儿园可以利用节日开展一些活动,或组织教育活动、生活活动等请家长观摩和参与,这样不仅可以让家长了解幼儿在园的表现,也可以进一步了解幼儿园的工作。幼儿园开展可以让家长参与的"亲子活动"、园内的教育活动等,让家长与幼儿共同游戏,并且家长的参与能够大大提高幼儿活动的积极性,增进亲子感情,丰富家长的育儿经验;家长在活动中充当教师或保育员的角色,增加家长对教师工作的理解,从而更加认可和支持幼儿园工作;还可以请家长发挥自己的专业特长,在家长时间与精力许可的情况下,主动帮助幼儿园做相应的维修设备、制作玩教具、摄影摄像等工作。

总之,幼儿园开展家长工作不管采用集体方式还是个别方式,都是教师在与家长进行沟通与交流,这不仅使教师能够更全面地了解幼儿,也使家长对幼儿园工作有较深的理解,从而更好地促进家园合作,促进幼儿身心健康发展。

第四节 幼儿园班级家长工作的管理指导

要有效开展班级家长工作,就要注重相应的管理与指导,要注意做好以下几方面工作。

一、 充分认识家长工作的重要性

家长工作是幼儿园工作的重要组成部分。幼儿园应认识到幼儿园教育的成功与否,在很大程度上取决于幼儿园与家庭的联系,取决于家庭能否与幼儿园配合共同承担起教育幼儿的责任。因此,幼儿园管理者应注重教育宣传,提高全园教职工对做好家长工作重要意义的认识,增强服务意识,做好家长工作。幼儿园只有从园长到教师、从思想上高度重视家长工作,并把家长工作看作幼儿园管理及教育工作的重要因素,幼儿园教育才能有所成效。

二、 加强家长工作的计划性

幼儿园的领导者和管理者要将家长工作纳入幼儿园的日常工作计划中来,在每学期园务计划和班级计划中体现出来。把家长工作列入班级保教计划中,家长工作要有目标、措施和要求,并将家长工作置于与保教工作同等重要的位置。要针对家长工作存在的普

遍薄弱问题，制订改进实际工作的计划，提出思路与设想，帮助解决家长工作中的困难和问题，提高家园共育的质量。

三、 建立家长工作制度

在幼儿园管理上要将家长工作制度化，即以条文形式把工作要求固定下来，形成规范。注重制度的执行和效果检查，这是开展好家长工作的保证。建立相应的班级家长工作制度，制度中要明确规定各项家长工作的内容、目的和要求，落实有关负责人员并确定工作的时间期限。如日常性家园联系制度、班级家访制度、学期班级家长工作会议制度、家长开放日制度等，结合班级工作的实际情况，不断创新家园沟通的方式方法，从而保障班级家长工作有序、高效、规范化地开展。

四、 注重教育培训与指导

家长工作是班级保教工作的一个重要组成部分。幼儿园大量的最直接的工作是班级保教人员进行的，因此幼儿园管理者、领导者要注重教育宣传，提高全园教职工对做好家长工作重要性的认识，明确内容要求，有计划地结合日常保教工作进行，开展家长工作制度，使全园教职工始终牢记幼儿园的双重任务，增强服务意识，立足各自岗位，做好为家长和幼儿服务的工作。

幼儿园要将教师的家长工作能力特别是与家长交往的能力作为园本培训和教育视导的重要内容，要针对新教师的特点和家长工作存在的一些问题，加强指导。帮助和指导教师有计划地结合日常保教工作，根据不同家长的特点，从实际出发，采取适宜的方式，主动与家长沟通联系，在教师与家长之间搭建桥梁，求得相互理解和信任，从而有效地开展家长工作，不断改善幼儿园教育服务的质量。

✦ 本章小结

幼儿园家长工作是幼儿园工作中不可或缺的组成部分。本章主要目的是使学生了解幼儿园家长工作的意义和主要内容，幼儿园班级家长工作计划制订的要求、方法，掌握幼儿园班级家长工作的管理指导。从而为学生将来从事幼儿教育实践工作奠定良好的基础。

实训内容

（1）在见习期间，利用入园、离园时间与家长进行交流，要求制订交流计划。

（2）小组讨论，针对幼儿在园期间发生的碰伤、擦伤、打架等事件，班级教师如何与幼儿家长进行沟通，采取的处理策略有哪些？

（3）尝试策划某班级学期家长工作计划，试列出具体活动计划。

同步练习

(1) 简述幼儿园家长工作的意义。

(2) 简述制订和执行班级家长工作计划时应注意的问题。

(3) 简述幼儿园班级家长工作中常用的方法。

(4) 如何进行幼儿园班级家长工作的管理与指导工作？

参 考 文 献

[1] 张燕. 幼儿园管理[M]. 北京:北京师范大学出版社,1997.

[2] 唐淑,虞永平. 幼儿园班级管理[M]. 北京:北京师范大学出版社,1997.

[3] 王劲松. 幼儿园班级管理[M]. 北京:北京师范大学出版社,2013.

[4] 侯娟珍. 幼儿园班级管理[M]. 北京:北京师范大学出版社,2019.

[5] 王雯. 幼儿园班级管理[M]. 湖北:武汉大学出版社,2017.

[6] 李慧英. 幼儿园班级管理[M]. 北京:高等教育出版社,2019.

[7] 左志宏. 幼儿园班级管理[M]. 上海:华东师范大学出版社,2015.

[8] 张苡颖. 幼儿园班级管理[M]. 北京:高等教育出版社,2019.

[9] 李季湄,冯晓霞. 3—6岁儿童学习与发展指南解读[M]. 北京:人民教育出版社,2013.

[10] 柯蒂斯,卡特. 和儿童一起学习:促进反思性教学的课程框架[M]. 周欣,等译. 北京:教育科学出版社,2011.

[11] 深圳市投资控股有限公司幼教管理中心. 幼儿园一日生活实施指引[M]. 北京:北京师范大学出版社,2015.

[12] 宋文霞,王翠霞. 幼儿园一日生活环节的组织策略[M]. 北京:中国轻工业出版社,2012.

[13] 李季湄,肖湘宁. 幼儿园教育[M]. 北京:北京师范大学出版社,1997.

[14] 中华人民共和国教育部. 幼儿园教育指导纲要(试行)[M]. 北京:北京师范大学出版社,2001.

[15] 苏晖. 幼儿园安全管理使用手册[M]. 北京:中国农业出版社,2016.

[16] 袁萍. 幼儿园管理[M]. 北京:北京师范大学出版社,2012.

[17] 陶金玲. 幼儿园班级安全管理[M]. 北京:中国轻工业出版社,2014.

[18] 教育部基础教育司. 幼儿园教育指导纲要[M]. 北京:北京师范大学出版社,2001.

[19] 熊华生. 班级管理智慧[M]. 上海:华东师范大学出版社,2011.

[20] 袁爱玲. 幼儿园教育环境创设[M]北京:高等教育出版社,2010.

[21] 董旭花,王翠霞,阎莉,等. 幼儿园创造性游戏区域活动指导[M]. 北京:中国轻工业出版社,2014.

[22] 汤志民. 幼儿园环境创设指导与实例[M]. 上海:华东师范大学出版社,2013.

[23] 杨彦. 幼儿园环境创设[M]. 北京:北京师范大学出版社,2014.

[24] 中华人民共和国教育部. 2016版《幼儿园工作规程》:附《幼儿园工作规程》新旧对照[M]. 北京:首都师范大学出版社,2016.

[25] 中华人民共和国教育部. 幼儿教育指导纲要(试行)[M]. 北京:北京师范大学出版社,2001.

[26] 教育部教师工作司. 幼儿园教师专业标准(试行)解读[M]. 北京:北京师范大学出版社,2013.

[27] 王劲松,蔡迎旗. 幼儿园班级管理[M]. 北京:北京师范大学出版社,2013.

[28] 高庆春,马东平. 幼儿园管理[M]. 北京:清华大学出版社,2016.

[29] 刘艳珍,马鹰. 幼儿园组织与管理[M]. 北京:北京师范大学出版社,2011.

[30] 张利娜,王萍,吴明宇,等. 幼儿园管理[M]. 北京:清华大学出版社,2018.